大神神社

大神神社編　中山和敬著

繞道祭《にょうどうさい》 大松明の点火

檜原神社

改訂新版にあたって

昭和四十年代に出版した「日本の神社シリーズ」の新版の計画を二年ほど前、学生社の鶴岡会長から知らされた。同シリーズ『大神神社』は、当時宮司であった私の父が著したことから、今年三月改めて小生へ新版の申し出があった。同書は幸いに出版されるや評判も良く、何回も版を重ねたものである。本書中に見える俳句の作者、白茅《はくぼう》は父の俳号であり、私には大変なつかしい俳句でもある。

しかし同書も刊行以来、三十年近くたち、父も今はなくまた内容が現状にそぐわないところもある。そこで、早速、大神神社の木山宮司と旧著の編集に携われた西野乙氏（現、大神教会管長）にお会いし、ご相談申し上げたところ、ご快諾を得た。

改めて旧著を読み直してみると、刊行よりすでに三十年を経過しているが、由緒・歴史・信仰など、神社の本質に関しては何ら問題はない。ただ境内施設や、日常の奉仕については、時代の推移とともに種々変化変遷があることから、その箇所を大神神社に追加訂正を願い、あわせて写真についても新しいものに取り替えるなど、ご協力をいただき、現状に即したものにと、過誤なきを期したつもりである。

昭和二十五年より五十八年までの永きにわたり、大神神社宮司としてお仕えした父の著書が、このたびはからずも改訂新版刊行の運びとなったことはまことに有難く、三輪大神のご神慮によることと嬉しく思う。

ここに再刊の機会を与えてくださった学生社の鶴岡会長に謝意を表し、あわせてご協力いただいた大神神社の木山照道宮司、そして同社の総務部長鈴木寛治氏、広報課長森好央、同課員片山一浩、南博の各氏に心より御礼を申し上げる次第である。

平成十一年九月吉日

中山幸彦

第三版刊行にあたって

学生社から出版された『大神神社』は昭和四十六年に当時の中山和敬宮司が著したもので、神社の由緒・歴史・信仰を知る上で格好の書籍として読み継がれてきた。そして、平成の大造営による境内景観の変化、新たな祭事の執行などに伴い内容を追加修正した改訂新版が平成十一年に刊行された。

その後、大神神社周辺では纒向遺跡などで考古学の大きな発掘成果があり、古代史の解明が進んで、本年に纒向遺跡が国の史跡に指定された。そこで神社と学生社で話し合い、中山和敬宮司のご子息である中山幸彦氏のご承諾を得て第三版を刊行することとなった。改訂にあたり平岡広報課長以下課内で検討を加え、古代史の新たな知見を加えると共に写真や文章の一部をさらに神社の現況に即したものに改めた次第である。

当社は「もっとも古くてもっとも新しい」神社であることを標榜し、ご神慮に添い奉るべく日々模索をつづけているが、本書の再版も悠久の歴史を有する神社の尊厳を守りつつ新たなるものを加えて行く当社の思いの表れであることをご理解いただき、ご一読賜ればまことに幸甚である。

平成二十五年十一月

大神神社宮司　鈴木寛治

はしがき

日本人の〝心のふるさと〟として、わが国創成期の夢を今日に伝えている大和の土地。たまたま飛鳥古京の地が、学術的にも政治的にも脚光を浴びるようになって、おのずから飛鳥よりもさらに古いところ、大和文化の発祥地としての古都三輪が、改めて注目され、今では三輪王朝という言葉さえ生まれ、大和朝廷成立への重要な時期の解明は、飛鳥以前に遡《さかのぼ》ろうとしている。

ともあれ、大和平野がまだ湖底にあったころでも、すでに大和の四周には、山青垣がめぐり、中でも東青垣のさほど高くない山なみの一つに、ひときわ秀麗な三輪山が存在し、大和に住みついた古代人が、日出づる東の方に、この幽邃《ゆうすい》な三輪山を朝な夕な仰ぎ見るとき、山に向って何かを話しかけたい情が、日常のくらしの中におのずから育まれてきたのにちがいない。

やがて、その親しみのある美しい山容に、おいおい神性を認めるようになり、ついには偉大な大物主大神の神座としての信仰が確立して、三輪・山の辺の丘陵からしだいに国原へ住み広がった人人の間に根づいたのであろう。

お山が見てござる。

お山が知ってござる。

と日々の生活に一切をまかせ切った、守護されているという大神への親近感は、胸奥深く根ざして現代へと受けつがれたのである。

されぱこそ、ジュネーブ大学のエルベール博士をして、

「お山は最も古くして最も新しい」

と絶賛せしめ、エール大学ダッドナフ教授の、

「美しい日本の山河をこよなく愛した日本人が、自然の山河を信仰の対象としたことも、実際にこの地にのぞんで、はじめて実感し、うなずける」

と言う言葉となり、さらにはフランス政府の文化使節ガブリエル・マルセル博士は、参拝の車の中で、いち早く三輪山を見つけられ、

「あれは神の山だ、お山は今も生きている」

と叫ばれたという。そして、

「その永遠性と定着性が結びついている信仰、神道の姿を、お山によって教えられた」と語られたことなど、いまだに記憶に新しい。

折も折、学生社の鶴岡社長の来訪をうけ、わかりやすく大神神社の紹介書を書けといわれたが、

その際、社長はやつぎばやに、こう質問された。

三輪さんが、日本で最古の神社であるという根拠。大神と書いて「おおみわ」と訓《よ》ませた出典の一番古いもの。大神族が三輪山麓に移り住んだのはいつごろからとみてよいか。有名な三輪独特の三ツ鳥居はいつ頃、何故あのような形式が生まれたのか。お山の磐座《いわくら》祭祀は、大昔どんなふうに行われていたのか。等々。

事実、記録に残っているものはともかく、記録はないが、形態や伝統は厳《げん》として現存しているというものの、説明は、まことに容易ではない。神社で、これまでにまとまったものといえば、昭和三年に刊行された三輪叢書だけで、最近、明治百年を記念して「大神神社史料」の調査・編集が進みつつあるという現状である。

したがって、この小著は、永遠の幽致を秘めた三輪山信仰のほんの入口までしかご案内していない。近い将来、大神神社史料や大神神社史が完成し、またいろいろな研究がこれからも発表されるであろうが、それと共に、永年の氏子、または大三輪信仰者、さらには大和文化の発祥に関心をもたれる人たちからのご叱正、ご教示をも仰いで、一層完璧なものに近づかなければと、ひたすら願っている。

神勤のかたわらの執筆とて遅々として捗《はかど》らず、結果は泰山鳴動して云々の憾《うら》みなきを得ないが、終始、助手をつとめてくれた当社禰宜西野乙文化課長、多くの写真を快く提供して下さった写真作家吉田畔夕氏、また、ご助言などを頂いた梅田義彦博士、清水宣雄氏等に対し、ここに併せてその労を謝する次第である。

昭和四十六年　三月

三輪山麓に於て
宮司　中　山　和　敬

大神神社——目次

本書は2013年12月に刊行した『大神神社』［第三版］の一部を訂正し「学生社　日本の神社シリーズ」として刊行するものです。

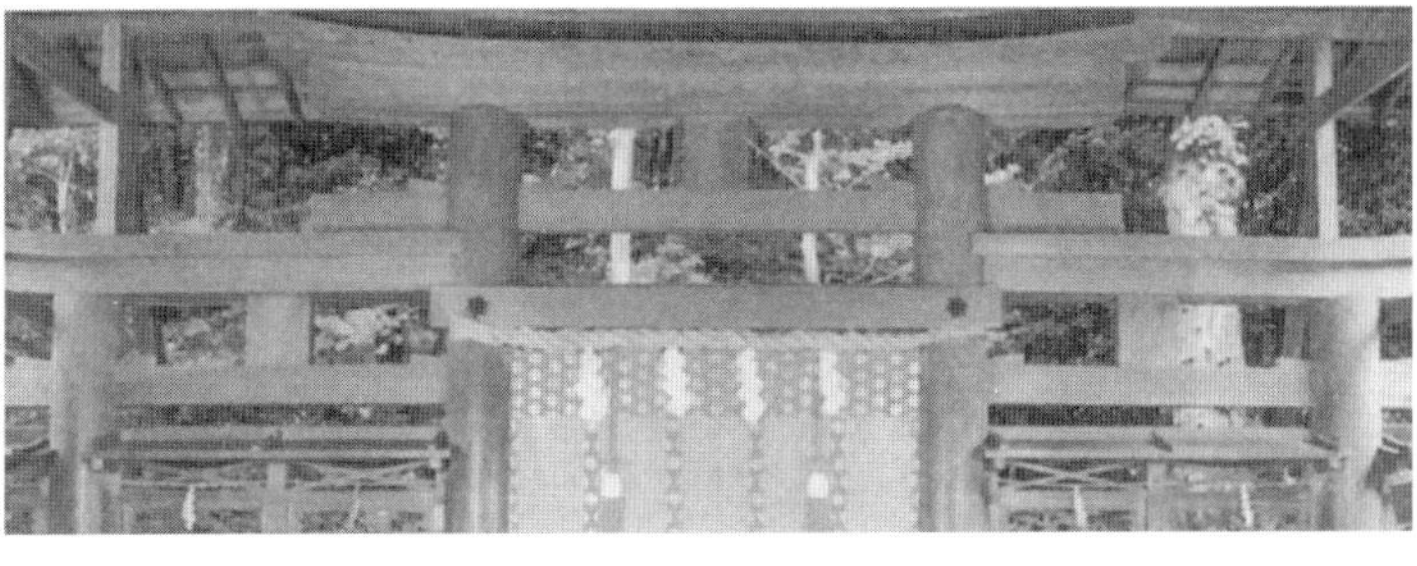

一　心のふるさと

大和盆地と三輪山

大和盆地の東に美しい山容をあらわしている三輪山《みわやま》。その麓にわが大神《おおみわ》神社は鎮座する。三輪山は三諸山ともいい、山そのものを御神体として、神社には拝殿だけがあるという、わが国のもっとも古い祭祀形式を今に残し伝えている神社である。

神社から西をのぞめば、盆地の中に静かに香久《かぐ》、畝傍《うねび》、耳成《みみなし》の大和三山が浮かび、はるか西方の空には、二上山、生駒、金剛の山々が望まれる。万葉に数々の歌を残している太古からの「国のまほろば」を、今も一望の下に眺められるこの神域には、古くから数多くの神話が語られ、その山裾を「山の辺の道」が、北に景行・崇神の両天皇陵を経て石上《いそのかみ》神宮へと通じ、また南には、古き「飛鳥の里」が昔ながらの姿をとどめている。

大和の一の宮

大物主《おおものぬし》を主神とするこの大神神社は、大和の国の一ノ宮である。古く大和の国の一ノ宮といえば、すなわち日本の国の一ノ宮ということでもあろう。各国々の一ノ宮も、この神社と系統を同じくする神々が祭祀されているのが多い。関東の北辺には蝦夷の守りとして、崇神天皇の皇子豊城入彦命《とよきいりひこ》が、この三輪山の神霊を奉じて下され、いま、宇都宮に下野の国の一ノ宮「二荒山神社《ふたらさん》」となって鎮まっている。また西国の熊襲《くまそ》の守りとしては、神功皇后が、同じくこの山の神霊を勧請してまつられ、いま、筑前の国の三輪に「大己貴神社《おおなむち》」として鎮座している。当時の大和王朝の全版図をこの三輪山を中心としてわが大神が守護されていたことがわかるのである。

縄文時代から幾千年を経てきた今日の日本の国土にあって、人々の心の中には、このうつくしい大和の国ばらが、いまなお、心のふるさととして生きつづけている。その中心に、わが大神神社の神霊が鎮まっているのである。

日本が国際的となった今日では、海外の人々で日本文化に深い理解を示す人々は、なお一層その本質を探ろうとして、期せずしてこの社に詣でることとなり、今では、海外各国の人々の参拝者いよいよその数を増しつつあるのである。いまや、わが大神神社は、大和の国にあって、日本の本質を海外に知らしめる中心的神域といえよう。

作家の長谷川幸延さんが、いつだったかこんな話をされたことが思いだされる。

長谷川さんの想い出

小学生の頃――受持のK先生が「君たちの知っているお宮で一番立派だと思うのはどこか」とたずねられたことがある。私たちは子供なりに、すぐにA神社と答えた。大阪の学校なので、A神社といったものがたくさんいた。B神社とか、C神社をあげた生徒もあった。家へ帰って、そのことを祖母に話したところ、もっての外の不機嫌で、なぜ三輪の明神さんといわなかったかと責められた。そして間もなく私は、祖父母に連れられて三輪の明神さんへ参拝したものである。

少年の頃のことながら、その時の目にうつった三輪の社は、祖父母のいうとおり壮大な感じのする神域で、両側には亭々と聳《そび》える杉の老木がつづき、いく度か天を仰いでたたずんだものである。そして神社でありながら、拝殿だけがあって、ご本殿のない不思議な形に、さらに意外な印象をうけた。

翌日、先生にこの目で見たままを報告したところ、先生もまた、三輪の神社についてはほとんど認識がなく、私の話に耳を傾け、山をもってご神体とするめずらしい社殿の在り方に、大いに興味を覚えられた様子であった。そして後日、先生は、三輪明神について自分で調べたことを、改めて教室でみんなに話してくださった。

それによれば、三輪こそは、三十一文字の和歌でいう敷島の土地であること、また、そこには柿本人麿も住んでいたことなど、私には、祖父母からは聞くことのできなかったものを初めて聞いた。普通には三輪明神といわれている社も、正しくは大神神社と書いておおみわ神社と訓《よ》むことなども教えられた。生徒たちは、みなこの先生の話を物珍しく熱心に聞いた。

その年の秋、遠足の行くさきは、誰いうとなく三輪に決った。こうして級友たちと三輪の秋色を心ゆくまで味わうことができたことが、昨日のようになつかしく、はっきりと想い出される、と。

そこで、曽根崎小学校のK先生や長谷川少年のようなはじめての方々のために、これから大神神社の紹介を、順を追って試みようと思う。

三輪の茶屋

浄瑠璃や歌舞伎の「恋飛脚大和往来《こいびきゃくやまとおうらい》」（冥途の飛脚）で知られている――奈良の旅籠屋三輪の茶屋――いわゆる梅川と忠兵衛の恋の逃避行の地は忠兵衛の生国大和であり、その宿がつまり三輪の茶屋である。当社一の鳥居脇の旅籠屋だといわれる。

この一の鳥居界隈を「馬場先」といい、昔は三輪の門前町をなし、俚謡にも「三輪の馬場先掃かいでもきれいな、宿の女の裾で掃く」とまでうたわれているところである。昔は京都あるいは大阪から長谷詣り、お伊勢参りをする人らが、ここを往来し賑ったことであろうし、また三輪の茶屋で必らず休んでは、三輪明神へお参りをするというのがお定まりのコースでもあった。

当社へのお参りをすますと、こんどはここから三輪山の西南麓沿い「三輪の近道」といわれる「山の辺の道」を利用して長谷・伊勢方面へとむかう。その反対に伊勢参りをすませてから奈良・京都、はたまた大阪見物でもしようという東国の人たちは、初瀬谷を川沿いに金屋の里に入り、ここで初瀬川ともわかれて、三輪山の麓を「山の辺の道」へと足を踏み入れたものである。その証拠に、当社の境内から南「山の辺の道」への入口には、古い道しるべが今も残っている。

高さ一メートル《メートル》ほどの花崗岩の柱には、その北に面したところに、「右たふのみね、よしの山道」東面には、「左はせ、いせみち」南面には、「三輪大明神」と刻まれている。また金屋区より「山の辺の道」への入口にも「三輪明神ちかみち」と刻まれた石の道標が現存している。

こういった古い石ぶみは「山の辺の道」をはじめ、里へくだっても、いたる所に今も見られる。

交通の要衝

世はくだり明治に移ってからは、鉄道が敷設されその様相は一変した。まず国鉄桜井線が奈良から天理・三輪・桜井・畝傍・高田を経由して、王寺駅で関西線に連結し、昭和になると近鉄が、大阪—伊勢・名古屋間を桜井を経て開通し、さらに遠来の参拝者を運ぶことができるようになった。とくに近鉄を利用する場合は、近くの八木駅が特急の停車駅であり、東西を走る大阪線と南北を貫ぬく橿原・京都線が十文字に交差する要衝駅なので、交通はたいへん便利になった。ちなみに東京などからの交通路をあげておこう。

三輪山の南麓を流れる初瀬川
左に海石榴市《つばいち》の金屋集落、右後方に三輪ケ崎が遠望される。

[東京から]

・東京〜（新幹線のぞみ　一三四分）〜京都〜（近鉄特急　四四分）〜大和八木〜（近鉄大阪線　七分）〜桜井〜（ＪＲ桜井線　三分）〜三輪

[名古屋から]

・近鉄名古屋〜（近鉄特急　八七分）〜名張〜（近鉄大阪線　二七分）〜桜井〜（ＪＲ桜井線　三分）〜三輪

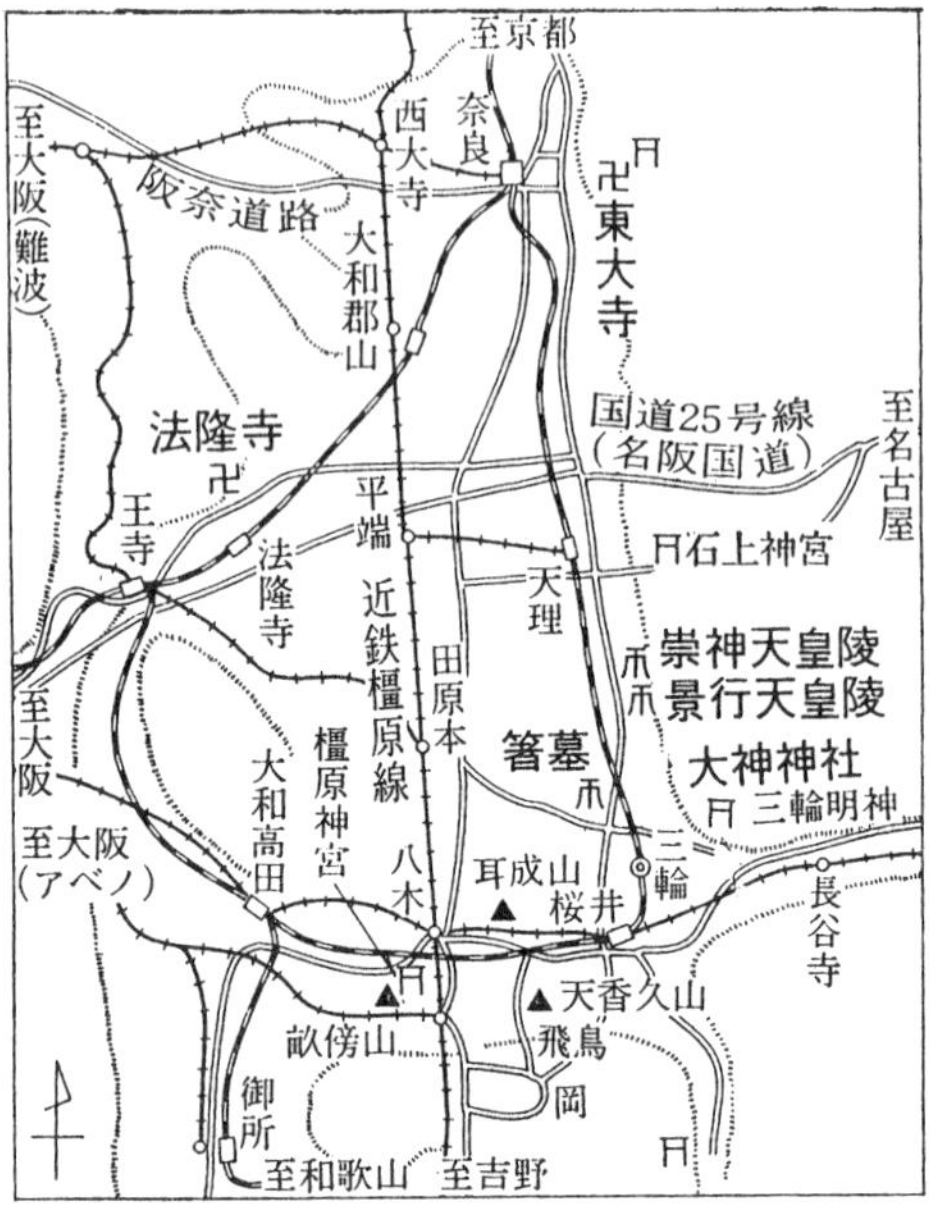

大神神社への交通要図

[京都から]
・京都～（近鉄特急　四四分）～大和八木～（近鉄大阪線　七分）～桜井～（ＪＲ桜井線　三分）～三輪
・京都～（ＪＲ奈良線　六九分）～奈良～（ＪＲ桜井線　二五分）～三輪

[大阪から]
・近鉄上本町・難波駅～（近鉄特急・上本町　二七分・難波三一分）～大和八木～（近鉄大阪線　七分）～桜井～（ＪＲ桜井線　三分）～三輪
・大阪～（ＪＲ大阪環状線　十五分）～鶴橋～（近鉄大阪線　三五分）～桜井～（ＪＲ桜井線　三分）～三輪
・大阪～（ＪＲ大阪環状線　十七分）～新今宮～（ＪＲ関西本線　十七分）～王寺～（ＪＲ桜井線　三三分）～三輪

常緑の三輪山は、桜井駅のホームからも文字通り眼の前に拝される。朝夕に鉄道で通勤する人たちは、車窓から眺める三輪山の四季の移り変りはもちろんのこと、一日の中でもその時々の気象状況でさまざまに変貌する神山の姿を眺めては、それぞれの感懐の一刻をもつのである。

昔の道、今の道

三輪山の西麓を南北に通り、境内の表参道を大前近くで横切っているのが、有名な「山の辺《べ》の道」であり、わが国ではもっとも古い道として知られた道である。これに平行して西へ下ったところに、昔の条里制でいえば「上津道《かみつ》」があり、さらにこれに並んで近代化された県道一六九号線が走っている。その道から神社まで、おおむね直角に自動車用道路として「参道三輪山線」が取りつけられ、旧参道の松杉の並木道に沿って拝殿の南脇までも上って来られるようになった。

またそれ以前にできた三輪から、真西の方、奈良盆地を南北に走る国道二十四号線と連絡する道も整備されているが、近年になって遠方からの参拝をいっそう便利にしたのは何といっても名阪国道（西名阪高速道路に接続）や南阪奈高速道の開通である。いわば東西南北どこからでも三輪へ楽々とお参りできるようになったということである。

参道より大前へ

さて、当社の参拝路は、西から真正面にあたる三輪山に向って、昔ながらの松杉の並木がついている。一ノ鳥居から二ノ鳥居までの中間を、明治三十年に国鉄桜井線が横切り、七〇メートルほど南に三輪駅が設けられている。

自家用車や団体バスは二ノ鳥居まで直進できるが、定期バスでは高さ三二メートルを誇る大鳥居前の

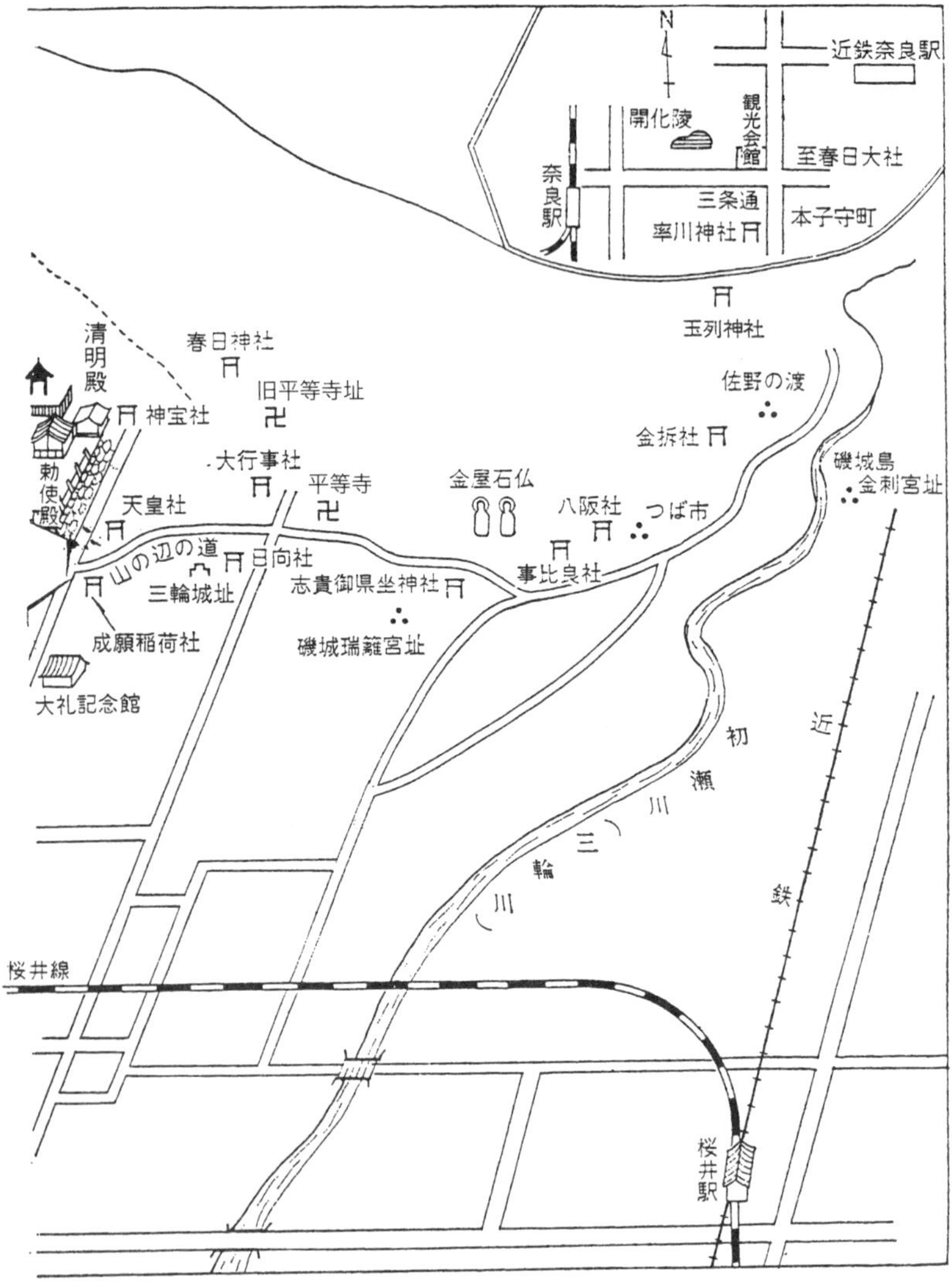
近鉄奈良駅
開化陵
観光会館
至春日大社
奈良駅
三条通
率川神社
本子守町
玉列神社
清明殿
春日神社
旧平等寺址
佐野の渡
神宝社
金拆社
勅使殿
大行事社
磯城島金刺宮址
金屋石仏
平等寺
天皇社
八阪社
つば市
山の辺の道
日向社
事比良社
三輪城址
志貴御県坐神社
成願稲荷社
磯城瑞籬宮址
大礼記念館
初瀬川
三輪川
近鉄
桜井線
桜井駅

その周辺の案内図

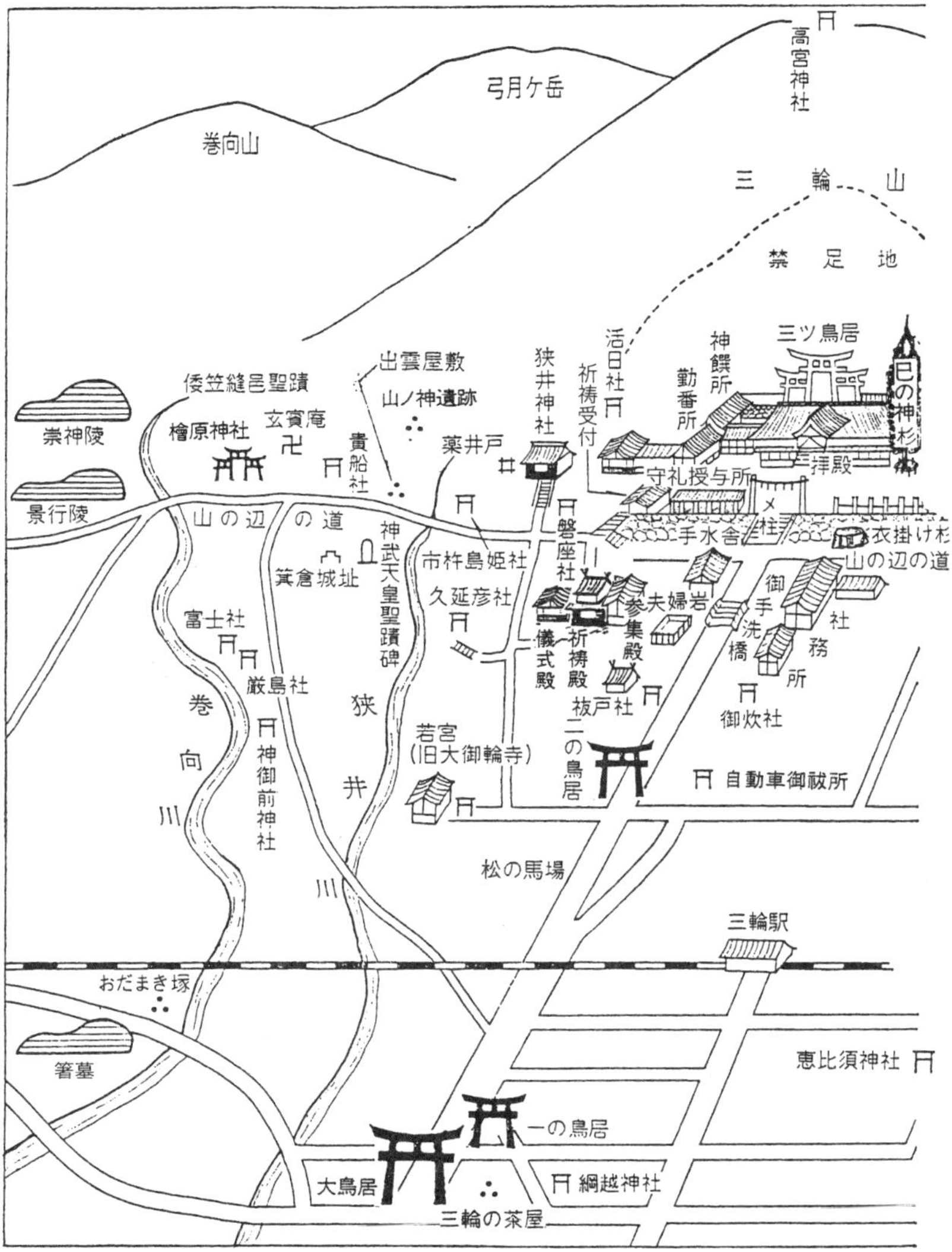
高宮神社
弓月ケ岳
巻向山
三輪山
禁足地
三ツ鳥居
神饌所
勤番所
活日社
祈祷受付
狭井神社
巳の神杉
出雲屋敷
山ノ神遺跡
倭笠縫邑聖蹟
崇神陵
檜原神社
玄賓庵
貴船社
薬井戸
拝殿
守礼授与所
景行陵
山の辺の道
磐座社
市杵島姫社
神武天皇聖蹟碑
箕倉城址
メ柱
手水舎
衣掛け杉
山の辺の道
久延彦社
夫婦岩
参集殿
御手洗橋
社務所
富士社
厳島社
儀式殿
祈祷殿
祓戸社
御炊社
巻向川
狭井川
神御前神社
若宮
(旧大御輪寺)
二の鳥居
自動車御祓所
松の馬場
三輪駅
おだまき塚
箸墓
恵比須神社
一の鳥居
大鳥居
綱越神社
三輪の茶屋

大神神社の社頭と

「三輪明神参道口」のバス停で下車するので、平日は旧参道になっている一ノ鳥居をくぐる参拝者はほとんどない。

二ノ鳥居に着くと、右脇に「交通安全自動車御祓所」がある。車の御祈禱やお祓《はら》いはここでしている。

反対側左を見ると、民家の立ち並んだ道路の突当りおよそ一〇〇米《メートル》のところに、摂社大直禰子《おおたたねこ》神社（若宮さん）があり、鎌倉時代に再建された重文の御本殿が望見される。

表参道から拝殿まで

一歩二ノ鳥居をくぐれば、杉の木をはじめ椎《しい》、樫《かし》、欅《けやき》などが茂り、左側に御祓川のせせらぎの音の聞かれる幽邃《ゆうすい》な参道となり、爪先上りの玉砂利を踏んで進む中に「お伊勢さんへ来たようだ」という言葉が思わず参拝者の口からもれる。実際に夏の日盛りなど、この参道へ足を踏み入れると、汗もひき一歩一歩、神厳さが深まってゆく。

進むこと一二〇米《メートル》ほどで御手洗橋があり、渡った左詰に祓戸神社がまつられている。ゆるやかな石段をのぼると、すぐ左に手水舎がある。参拝者は背後の「しるしの杉」の巨大な古株に目をうばわれる。あまり気づかないが、応永廿一年（一四一四）八月の銘の刻まれた水船には、お山からの霊水が常時ふんだんに溢れ出ている。手水舎前の広場をはさんで右向いには斎館の檜皮葺玄関が見られる。

正面には二十九段の石段があり、これを上りきったところに、江戸時代までは楼門が建っていたが、今は太い〆柱に変っている。たちまち足もとから斎庭が広がり、正面には菊花の御紋章が燦然《さんぜん》と輝く切妻檜皮葺の大拝殿が、どっしりと横長に、しかもお山の杉や老椎を背景に建っている。

盛り上る新樹の上の三輪の神　黙々子

斎庭の左側には廻廊式に、手前から、神札・お守りを領布する授与所、御祈祷の受付並祈祷者休憩所の参集所、祭典参列者の控間として使用の旧勤番所、神様へのお供え物を調える神饌所など、新旧の建物が並び、右側には元勅使殿、祭器庫がつづく。その背後（南）には、以前神楽殿と称し、現在は三輪さんを崇敬し神恩感謝の誠を捧げる、明神講、報本講社、豊年講、崇敬会、薬神講、酒栄講、献燈講等の講社崇敬団体の業務を取り扱う清明殿が建っている。

とくに「杉の杜」と呼ばれてきた神域だけに、周囲には老杉が枝を張ってそそり立ち、中でも斎庭のやや南寄りのところには樹齢六百年ともいいつがれている二股の大杉が、「巳《みい》さんの神杉」として信仰をあつめているのも古社らしいめずらしい姿であろう。

この大拝殿の正面奥、三輪山の禁足地との間に、いわゆる「一社の神秘なり」と社伝に書かれている独特の「三ツ鳥居」が建っている。参拝者はこの三ツ鳥居を通してご神体であるお山を拝するわけである（申し出れば拝殿脇から拝観が許されている）。

二　三輪山と山の辺の道

山の辺の道と金屋の里

大和には群山《むらやま》多しとはいえ、悠久の太古よりその神々《こうごう》しさを今に伝える三輪山、その山麓づたいに細々と南北へ通ずる「山の辺《べ》の道」、日本で一番古い道といわれる小径《こみち》。

路傍に立つ一茎の野の草にも、転がっている小さな石塊にも、老木の年輪を数えるにも似たなつかしい生命歴が感じられる。

山の辺の道というのは、大和平野の東側に南から北へと、一線に立ち並ぶ山並の裾を縫って、三輪の金屋から北へ、奈良の歌姫《うたひめ》へと続く道をいうのである。

それでは山の辺の道の基点になる金屋《かなや》の里から話を進めよう。

三輪山を中心に南には初瀬川、北には巻向川がともに西の方、大和平野へと向って流れ出ている。そして三輪山の前方約二キロのところで合流し、大和川となって大阪湾へ注いでいる。この二本の川でかこまれている地域を、昔から水垣郷といって神聖な地区としている。そこにふくまれる氏子集落は、南初瀬川寄りから金屋・三輪・茅原・芝・箸中の順に五区ある。第十代崇神天皇の皇居を磯《し》城《き》瑞籬宮《みづがきのみや》（師木水垣宮）といったのもこの域内にあったからの名称である。

この浄域にある金屋は、三輪山の南麓を流れる初瀬川（この辺から三輪川という）と、お山とに挾《はさ》まれた帯状にのびる集落である。

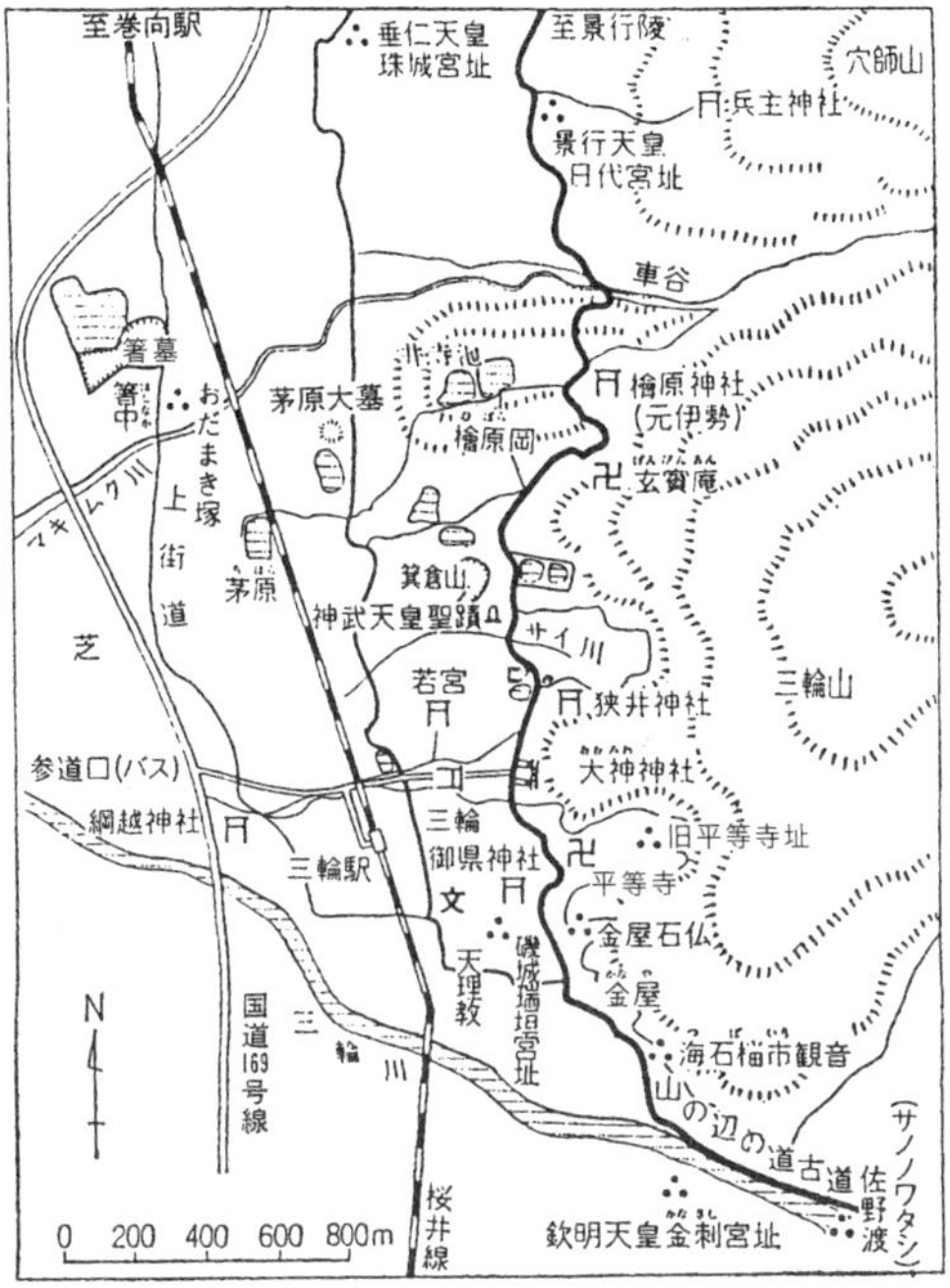

「山の辺の道」その周辺

ここは古くは大阪から大和川を遡ってくる舟運の終着場であり、山の辺の道、上津道、山田道、初瀬街道などの接点となる水陸交通の要衝の地として、わが国最古の交易場（市場）海石榴市《つばいち》の名がのこっている。

海石榴市

現在、集落の東端に近くつば市観音がまつられている。いまに海石榴市の名をのこす貴重な石造観音であり、右が十一面観音で高さ六八センチ、幅三〇センチの石に四五センチの立像が彫られ、元亀二年（一五七一）八月吉日の銘があり、左の像はやや小さく像高四四チセンの聖観音が彫られており、銘は元亀三年四月十八日となっている。この地は時に外賓歓迎の場ともなり、官命を帯びて諸国へ赴任する役人たちの壮行の場でもあり、皇族・貴族をはじめ庶民にいたる人々の集まる場所であった。万葉の歌にも多く男女の交遊の場、嬥歌会《かがい》とか歌垣で知られるように悲喜交々《こもごも》の夢をただよわせている懐かしい里である。

大神の大夫、長門守に任ぜらるる時、三輪河辺に集ひて宴歌す

三諸の　神の帯ばせる　泊瀬河《はつせ》　水脈《みお》し　絶えずば　吾忘れめや（万葉集巻九―一七七〇）

夕さらず　河蝦《かはづ》鳴くなる　三輪川の　清き瀬の音《と》を　聞かくし良しも（巻一〇―二二二二）

海石榴市の　八十のちまたに　立ちならし　結びし紐を　解かまく惜しも（巻一二―三一〇一）

紫は　灰指《さ》すものぞ　海石榴市の　八十の衢《ちまた》に　逢へる児や誰（巻一二―三一〇二）

など万葉に数多くの歌が詠《よ》まれている。

武烈天皇がまだ皇太子の頃、悲劇の女性影媛をめぐる鮪《しび》との恋の争いも、この地で起きた事件であり、敏達天皇の十四年（五八五）には、物部守屋が排仏毀釈の指揮をとり、善信尼等の尼僧をとらえ公衆の面前で、楚撻《しりがたうち》の刑を行なっており、また推古天皇十六年（六〇八）遣隋使小野妹子《おののいもこ》ら帰国の折は、この地に上陸し、同行の唐客斐世清らのため錺騎《かざりうま》七五頭をもって出迎えている。

またこのあたりには推古天皇の離宮、海石榴市宮があったといわれる。初瀬川を越えた南一帯は、敷島とよばれ、欽明天皇の皇居磯城島金刺宮《かなさし》もまたその地にあったと伝えられている。この宮址に近く、三輪山の足曳がもっとも初瀬川に接近している地点を、山崎といい、また三輪ケ崎ともいわれる。

昔はここが初瀬川の渡場であり、佐野ノ渡《わたり》という名称のみ残っている。有名な謡曲の「鉢ノ木」に「古歌の心に似たるぞや。駒とめて袖うちはらふ陰もなし、佐野の渡の雪の夕暮、かやうによみし大和路や、三輪ケ崎なる佐野のわたり」と謡《うた》われるところである。

金拆社のあたり

山麓、山崎の地には末社金拆《かなさし》社（祭神・宇都志日金拆命）があり、この社から山中の天宮社（祭神・天日方奇日方命）、神室社（祭神・龗神）、大峯社（祭神・大山祇命）の祭典を執行しているが、四社とも神殿はなく、金拆社は周囲一・二メートルにも及ぶ榊の老樹一本が立つのみである。

「山の辺の道入口」の道しるべ

そのほかこの金屋の南天王山（三輪山麓）には末社八阪社（祭神・素盞嗚命）、大峯社（祭神・大山祇祇命）、賃長社（祭神・磐長姫命）、金比羅社（祭神・大物主神）の四社の社殿がある。またやや西方の天王山には末社事比良社（祭神・大物主神）と、境内社として稲荷社（祭神・宇賀御魂神）があり、三輪山にとって南側の大切なところである。

山の辺の道へ足を踏み入れよう。

金屋区の長細い街道集落のほぼ中央、家並《やなみ》の間、北側に「三輪大明神ならへ　これよりちか道」と、高さ八〇チセン、幅四〇チセン、厚さ三〇チセンほどの石に刻まれた道標が建っている。なるほど街道を行けば大回りになるところを、「山の辺」を抜ければ三角形の一辺を通ることになる。江戸時代の伊勢・長谷詣うでの人はここを踏んで往還したものである。

俳人其角も雨にあってこの道を急いでいる。

　　むらしくれ三輪の近道尋ねけり　　晋子

金屋の石仏

両側に民家が立ち並ぶ坂道を進むと、やがて前方に、鉄筋コンクリート造りの石仏の堂宇が見える。二体の石仏が並んでいて、右が釈迦如来、左が弥勒菩薩である。高さは約二メートル、幅約八〇チセン、厚さは二〇チセンほどの泥板岩に浮肉彫をした見事なもので、鎌倉期よりも以前のものと見られ、重要文化財に指定されている。

三輪山のこの谷を弥勒谷といっているが、当初は三輪山の中にあったという説もある。ともあれ、目の悪い人は壺阪寺、耳の不自由な人はこの石仏が霊験ありと伝えられている。

　　耳しふとぬかづく人も三輪山のこの秋風を聞かざらめやも　　会津八一

道をふたたび山の辺へ戻るとすぐ左前方、やはり田圃を距《へだ》てて百メートルほどに杉や樫の茂った森があり、森の梢の向うには銅板葺の宏壮な天理教の建物が望見される。

志貴の宮さん

手前の森が「式内大社志貴御県座《しきのみあがたにます》神社」である。土地の人は「しきの宮さん」とよびならわしている。森の中に南面するささやかなお社であり、社殿の東側には磐座とみられる石が四つ行儀よく一列に並んでいる。往昔どんな神を招き、どんな神事が行なわれたかは研究の余地を残しているが、社殿にまつられるのは天津饒速日命《あまつにぎはやひのみこと》である。創建は古くすでに天平二年（七三〇）大倭国正税帳にも記載され、延喜式の祈年祭祝詞中にも「御県に坐《ま》す皇神等《すめがみたち》の前に白《もう》さく、高市、葛木、十市、志貴、山辺、曽布と御名は白して、この六つの御県に生ひ出づる甘菜・辛菜を持参来《もちまい》て……」と出ている。

金屋石仏

磯城瑞籬宮

拝殿前庭の西側に「崇神天皇磯城瑞籬宮《しきみづがきのみや》址」の石標が建っているが、実際にはこの境内につづく西側、現在の天理教敷島大教会と北隣りの三輪小学校の両敷地こそ皇居跡であろうと推定される。この地域に大きな工事が始められる以前、しかるべき筋によって発掘調査が行なわれなかったことが、いまになってかえすがえすも残念なことである。

工事中に発見されたものだけは樋口清之

博士が発表されている。遺物を包含する層はおよそ二・四㍍で、縄文式土器・弥生式土器・石器をはじめ原始時代以降の須恵器や土師器《はじ》のほかに金屋の地名どおり製鉄に関係のある金クソ・フイゴの口・石製模造品・玉製品などが出土している。この台地は海抜七—八〇㍍の地で、考古学上からも三輪遺跡として重要視されている。

ふたたび山の辺の道へもどると、この先はしばらく平等寺川の谷間に沿ってすすみ、川を渡ると平等寺（翠松寺）の門前に出る。ちょうど十字路になっているが、そのまま直進するのが「山の辺」である。したがってここにも道標がある。南面には「みわ明神すぐ道」、西面には「右はつせいせ道」とある。

大行事社

十字路に立って右、お山に正対すると、突当りに石段のある小さな社がある。これが末社大行事社《だいぎょうじ》（俗称元えびす社《さん》）である。つば市が殷盛《いんせい》をきわめた頃、ここの御分霊を「つば市えびす」としてまつったが、のちに初瀬川の氾濫でつば市が流されてからは、現在の三輪の町中（三輪明神前のバス停正面）に恵美須神社を建てたといわれる。

毎年二月六日の初えびすには「三輪えびす」は大勢の人出であるが、この日、まず三輪えびす社より、神饌が元えびすの大行事社に供えられる。祭典後この撤下神饌が、三輪えびす社に持ち帰られるのを待って、初えびす祭が執り行われるのを例としている。この慣例については、明治十三年八月の「大神神社儀式」に「正月六日（註・現行では二月六日）卯の刻、神主以下久宝人以上参拝、まず神主、山口を率い大行事社に参向し、禊祓詞《はらえのことば》を宣り、つぎに戎社《えびす》に参向し、中臣《の》祓詞を宣り拝をなす。ついで各員大行事、戎社に参拝す」とある。

ついでながら、三輪の初相場に触れておこう。昔からこの日に、三輪の戎社において、初相場が立つ。三輪特産のそうめん・小麦粉・大豆・小豆などの価格表示であるが、この儀も前日の五日午後二時、大神神社で相場を立てる卜定祭《ぼくじょうさい》が拝殿で行なわれ、翌日三輪えびす社で発表されるのである。

大行事社

素麺の初相場立つ三輪の神　白茅

春日社と平等寺

大行事社の右脇をさらに山の方へ登ると、末社春日社がまつられている。この春日社が、神宮寺として、明治維新まで栄えた平等寺の鎮守神であった社である。したがって入口にあたる大行事社を過ぎると、もう道の両側には大伽藍が整然と立ち並んでいたことであろうが、神仏分離の嵐のあととて、今は何一つ残っていない。ただわずかに、明治二十三年六月十日に現在の平等寺（翠松寺）が、河内の国から遷され、一廓に建てられたことと、大行事社の北の果樹園に、当時の石垣を見るくらいのことである。

「山の辺」をこの四ツ辻から北進すると、右側、山手に畠があり、平等寺名残りの苔蒸した石垣が見られる。反対側、左方には三輪の家並や大和三山が、桜の老木の枝の間に望見される。この桜のある台地にまつられている社が、摂社日向《ひむかい》神社であり、めずらしく北面して建っている。道はこの辺で五、六戸の民家の間を左の方へ曲っている。舗装された道をしばらく行くと、五〇メートル足らずで大神神社の大前、いわゆる拝殿前へ出る。

三輪山へ今日の拍手の涼しさよ　白茅

祈祷殿・儀式殿

特徴ある拝殿前を過ぎると、御祈祷を始めとする参拝者の総合受付所があり、その建物に連なって西向に平成の大事業で造営した桧造り・銅板葺の祈祷殿・儀式殿・参集殿がお山を背に荘厳かつどっしりと建っている。反対側には、高床校倉式を形どった鉄筋の宝物収蔵庫がある。中には、禁足地・山ノ神遺跡・三輪遺跡及び三輪山周辺から出土の考古遺物・祭祀遺物をはじめ、当社に伝わる美術品・神宝類が数千点納められており、毎月一日、土曜日曜祝日には展示公開されている。

祈祷殿など三殿を過ぎると、左手に少し登りの階段状の道がある。両側に種々の薬草や薬木が生い茂り、病気平癒の信仰が篤い狭井《さい》神社へ通じるくすり道である。砂利道は手入れも行き届き、登りきると南北に通る山の辺の道に出る。右に下ると酒造りの杜氏《とうじ》の祖神、高橋活日命をまつる活日神社、左に進むと杉や桧に覆われ鬱蒼とした木立の中に、少彦名命をまつる磐座《いわくら》神社がある。

さらに進むと、白木の鳥居が建ち鎮めの池に突きあたり、その先には狭井神社の正面石段が見える。

狭井神社

手水舎で立ち止まると、正面に皇后陛下の御歌碑が目に入る。昭和四十五年、皇太子殿下、同妃殿下お揃いでご参拝遊ばされ、妃殿下より「鎮花祭」をはじめ種々ご質問があり、昭和五十年「勅題・祭」の歌会始めには、

「三輪の里狭井のわたりに今日もかも花鎮めすと祭りてあらむ」

とお詠みになられた。

この社は大神さまの荒魂《あらみたま》を奉斎しており、三輪山登拝を希望する人は、この社で所定の手続きをし、木綿襷《ゆふだすき》を受け、自ら祓《はらい》をしてから、お山へ入ることが許される。

山の辺の道は、手前の鎮めの池

祈祷殿より狭井神社へ向う参道「くすり道」

と、左側にある茶店の間の道、一見茶店の軒下道のようなのが、それであるから、ここで神社の境内とはわかれる。茶店を過ぎたと思うと、すぐに新らしい教会に突きあたるが、左側にもう一軒ある家との間を抜けて進めばよい。

教会所の入口から右手の山手へ進むと、またしても三輪山に踏みこむ。もっとも「山の辺の道」と書いた矢印を忠実に守っておれば心配はないが、神体山への道はいたるところに口をひろげている。本社拝殿の両脇に見えるわずかな瑞垣のみが唯一の垣であって、まったく周囲は無防備といってもよい。しかし、お山は幾千年という長い年月にわたり護られてきた。それは大神の御神威によることはもちろんであるが、麓に点在する三十四大字の氏子集落の無言の護持も、忘れるわけにはゆかない。

狭井神社

山の辺の道はすぐだらだら坂を降って行く。その降りきったところを横切る小さな流れ、探訪者はここでもまたしばらく足を止める必要があろう。

狭井川

万葉の歴史的な風土と四季の草木に彩られ、据えられた自然石に腰かけ大和平野を展望し、わが国の心のふるさとを思い、杜《もり》のしじまのなかにひそむ歴史や文化の始原にまで思いをいたす格好の場所、大美和の杜がある。三輪山原始林の彫りの深い林層を頂上まで眺めることができる。下の小川は山腹の三光の滝から流れ出ている水である。この川こそ狭井川《さいかわ》（一名くすり川ともいう）である。古事記に「其の河を佐韋河《さいかわ》という由は、その河の辺に山由理草《やまゆりぐさ》多かりき。故《か》れ其の山由理《やまゆり》の名を取りて佐韋《さい》河と名付けき。山由理《やまゆり》の本《もと》の名、佐韋《さい》と言ひき」とある。

出雲屋敷

この川の左方、柿畑になっている岡一帯を現在も出雲《いずも》屋敷とよんでいる。この岡こそ神武天皇の皇后になられた大神《おおみわ》の神の女《むすめ》、伊須気余理比売《いすけよりひめ》（書記では媛蹈鞴五十鈴姫命《ひめたたらいすずひめのみこと》）の住居のあったところと伝えられている。川のほとりで、七人の乙女が遊んでいたところへ神武天皇が来られ、先頭に立たれる姫を皇后にえらばれたところである。

あしはらの　しけしきをやに　すがたたみ　いやさやしきて　わがふたりねし

（記、神武天皇の御歌）

後に、当芸志美美《たぎしみみ》なるもの皇位をねらい、三皇子を殺さんとしたとき、母の伊須気余理比売はつぎの歌で謀叛を、わが子たちにしらせておられる。

さゐがはよ　くもたちわたり　うねびやま
このはさやぎぬ　かぜふかむとす
うねびやま　ひるはくもとゐ　ゆふされば
かぜふかむとぞ　このはさやげる

神武天皇聖蹟之碑

この出雲屋敷の岡が、お山の正面に喰いこむあたりに、有名な三輪、山の神祭祀遺跡がある。

山の辺の道を、岡を登りつめると万葉集の研究では第一人者といわれた千田憲《みのる》先生揮毫の万葉歌碑が建っている。碑面には、

額田王《ぬかたのおおきみ》の「近江へ下りし時作れる歌」

味酒《うまさけ》　三輪の山　青丹よし　奈良の山の
山の際《ま》にい隠るまで　道の隈《くま》い積るまでに
つばらにも　見つつ行かむを　しばしばも
見放《さ》けむ山を　情《こころ》なく　雲の隠さふべしや

反　歌

三輪山をしかもかくすか雲だにも情《こころ》あらなも隠
さふべしや

天智天皇の近江遷都に従う額田の女王が、古京大和に別れを惜しむ切々たる慕情をうたったものであり、かつは信仰の山、三輪山への祈りの歌でもある万葉中の有名な秀歌が刻まれている。

さらに奥に進むと皇紀二千六百年にあたる昭和十五年に建立された、神武天皇聖蹟狭井河之上顕彰碑が建っている。この場所は畝傍山をまん中にして、右に耳成山、左に香具山といわゆる大和三山をはじめ、大和の国原を一望におさめる景勝の地でもある。

貴船神社から玄賓庵へ

出雲屋敷から少し行ったところの山際に、末社・貴船神社がある。このあたりから人家が途絶え、歩きながらもふと寂しくなってくる道が続く。幾人か連れだっていても、話がとぎれると急に過ぎ去った遠い昔のいろいろな幻影が迫ってくる。

山の辺の道幾曲り水ぬるむ　　白茅

曳《ひ》かれるような歩みを運ぶ額田女王の端正な姿、あるいは愛《いと》し男性、鮪《しび》の非業の最期をきいて、気も狂わんばかりに奈良山へと駆けつける憐《あわ》れな影媛、はては地方鎮撫のため、雄々しくも任地へと進発する四道将軍の率いる軍卒の足音などがいまも聞こえる道である。山の出鼻を廻ると、お山へ深く割り込んでいる山田の奥に白壁の古寺がある。これが玄賓庵《げんぴんあん》である。

桓武天皇の御代（七八二年）に名僧、玄賓僧都が草庵を結び穏遁されたところである。その後、荒廃していたのを寛文七年（一六六七）に宴光が再興したといわれる。玄賓僧都の木像をはじめ、不動明王などが有名である。

玄賓僧都と三輪明神との物語は謡曲『三輪』によって語りつくされている。明治初年、神仏分離までは、もう少し上の三輪山内にあった。現在も僧都唐臼の遺跡といわれるところがある。それは米を搗くためのものでなく、僧都の勤行を邪魔する獣を逐い放らうためのものであった。現在、日

檜　原　神　社

本庭園などに見かける「そうづ」は、じつに玄賓僧都の考案によるものといわれる。三輪流神道の始祖を玄賓とする説さえあって、玄賓庵には、いまも三輪流神道に関する資料がかなり収蔵されている。

檜原の岡

　玄賓庵の塀にそって右折して、ちょうど堂宇と僧坊の間を抜けて、小さな滝の脇を通ると、道はすぐ左の方へとゆるい傾斜の登り道となっている。しばらく行くと目先が明るくひらけ、もう檜原《ひばら》台地が待ちうけている。ここに摂社檜原神社があり、そこが数々の歌に詠《よ》まれる檜原の岡なのである。崇神天皇の御代（前九一年）皇居内の同床にまつり継いでこられた天照皇大神のご神霊を豊鍬入姫命《とよすきいりひめ》に託し、倭笠縫邑《やまとのかさぬいのむら》に遷しまつられた、伊勢神宮のはじまりとされる笠縫《かさぬいの》邑《むら》こそ、この檜原（日原とも書く）である。

　もっとも倭笠縫邑についての伝承地は、大和に八か所もあり、神宮司庁におられた大西源一博士は、長年この調査に心魂を傾け、あらゆる証拠資料を漁《あさ》り、何回かにわたる実地踏査をつづけられ、大正十二年「倭笠縫邑及磯城神籬の地」の論文を発表された。昭和三十二年にも「倭笠縫邑なる磯城神籬の霊蹟」と、実に三十有余年にわたる調査の集大成をされ、「私は檜原の地が延暦の皇大神宮儀式帖に『美和乃御諸原爾造斎宮出奉天斎始奉支』とある御諸の原の斎宮の址であるとの確信を得た」として、三輪の檜原説を確立されたのである。

繞道みち

さて、元旦の繞道祭《にようどうさい》（御神火まつり）（別項参照）の大松明《たいまつ》は、山の辺の道をこの社まで運ばれる。そしてここを北限として、つぎはこの台地の西にひろがる茅原区へと正面の道を降って行く。山の辺の道を繞道みちとも地元の人々はよんでいるが、松明は、来る時も玄賓谷へは立寄らずに、つまり途中で玄賓庵の方から流れて来る小川（僧都川、三輪川ともいう）を渡ったところで、そのまま一直線に北進して、胸つくような急坂になっている猫坂を一気にのぼり、檜原神社の正面参道へと廻り込むことになる。

檜原神社の前面、参道の両側はみかんや柿の木がぎっしり植わっている。このあたりを禰宜屋敷という。道を挟んだ両側に、維新後一時、神社の禰宜をはじめ関係職員二七名が土地をもらって住みついたことがあるので、今にその名が残っているのである。このコースは三輪山全体の山容が眺められる地点であり、一方には大和平野をくまなく眺めることができ、鼎立する大和三山をはじめ、足下に雄大な箸墓が横たわる最高の道である。

車谷の里

さて檜原神社から北への山の辺の道は、路幅が急に小型車が通れるほどの広さになっている。お山の裾に沿って、みかん畑のつづく道を一〇〇メートルも行くと舗装された道路に出る。ここでお山とも別れて舗装路を降って行くのが山の辺の道である。三輪山と巻向山に挟ま

三輪山（右）**穴師山**（左）**弓月嶽**（中央）

れた深い谷間である。下の方には巻向川（あなし河）の清流が音をたてて流れ、それに沿って民家がひっそりと静まりかえっている。車谷ともいわれる里である。昔は三〇軒を越える水車がこの川筋にあって、三輪素麺の粉ひきをしていたので車谷の地名が残っている。

舗装された路を山手へと行くと右に三輪山、左に穴師《あなし》山、弓月嶽《ゆづきがたけ》などが続いている山峡の峠道であり、三輪山の裏手、奥の不動、白山公園、初瀬または笠郷、小夫《おおぶ》などへ通じている。しばらく立ち止まって山の方を見あげるもよし、巻向川の瀬に耳を傾けるもよし、歌聖人麿がこの地へ通いつめたといわれるだけに、絶唱歌が現代人の胸にも、高く低く、時には強烈な音を立てるかと思えば、夜のしじまへと引き込むような感慨を覚えさせる。

痛足《あなし》河河浪立ちぬ巻向の由槻ケ嶽に　雲居立

てるらし（巻七―一〇八七）

あしびきの山川の瀬の響《な》るなべに弓月が嶽に雲立ち渡る（巻七―一〇八八）

巻向の山辺とよみて行く水の水泡《みなわ》のごとし世の人われは（巻七―一二六九）

巻向の痛足《あなし》の川ゆ往く水の絶ゆることなくまた反《かえ》り見む（巻七―一一〇〇）

ぬばたまの夜さり来れば巻向の川音《かわと》高しも嵐かも疾《と》き（巻七―一一〇一）

鳴る神の音のみ聞きし巻向の檜原の山をけふ見つるかも（巻七―一〇九二）

三諸のその山並に子らが手を巻向山は継《つぎ》のよろしも（巻七―一〇九三）

児等が手を巻向山は常なれど過ぎにし人に行き纏《まか》めやも（巻七―一二六八）

穴師の里

降り道は、やがて右へ折れる「山の辺の道」の矢印が目にはいる。これからが穴師の里であり、丘から山にかけて一面のみかん畑である。

丘陵が西の方へくだりきったあたり、ちょうど前方やや西にあたって景行天皇の御陵（山辺道《やまのべのみちの》上陵《へのみささぎ》）、それに並んだように北の方には崇神天皇の御陵（山辺道勾岡上陵《やまのべのみちまがりおかのへのみささぎ》）が生い茂ったきれいな森として遠望される。山の辺の道はそこへも続いているのだが、いつ来てもみかんの花が匂うようなこの丘に立てば、右手（東）に穴師坐大兵主《あなしにますおおひょうず》神社の鳥居が目につく。応仁の乱（一五世紀）で消失するまでは、さらに上《かみ》社があり、弓月《ゆづき》が嶽《たけ》にまつられていたという。延喜式によれば三輪につぐ名神大社であった。とくになじまれるのは垂仁朝に野見宿禰《のみのすくね》と当麻蹶速《たいまのけはや》が、天覧相撲を行なったところというのが境内にある。また近くには景行天皇の皇居、纏向日代宮《まきむくのひしろのみや》の宮址、垂仁天皇の皇居、纒向珠城宮《まきむくのたまきのみや》の宮址がある。

　大和はどこを歩いても独特の鋭角な屋根が突っ立っている。これが大和棟である。そして珍しく、屋根には梲《うだつ》（妻壁を屋根より一段高くしたもの）のあがった屋並が多い。振り帰ると三輪山は濃緑の全容をあらわし、足曳を西へと長くひいてさゆるぎもなく、静かに人々の営みを見守っているのである。

　なお、三輪の地名起源については「みわ」は「御輪」、つまり笠形の円やかなお山とする説、「水輪」からきた初瀬川と巻向川にかこまれた浄域を指していう名であるとの説などがある。

三　神体山

円錐形の山容

青垣にめぐらされた大和の山なみの中で、東青垣の南に寄ってひときわ秀麗な容姿の山――高からず低からず円錐形のたたずまい――千古斧をいれない濃い常緑の山を眺めて、はじめて大和へ足をふみ入れた旅の人の眼にも、すぐに一種の崇高さを感ずるであろう。その山こそ御神体山の三輪山である。

不思議はことは、この東青垣、つまり春日山系と呼ばれる山々は、いずれも花崗岩から成っているが、三輪山だけが異質の斑糲《はんれい》岩塊から出来ているので、長年月にわたる浸蝕から残され、万古不変の円錐形の山容を堅持していることである。

宝倉なし

御鎮座以来このお山を神の坐ます山として崇拝し、本殿をもたなかったことは、御祭神のところで紹介するとおり、記紀をはじめ古典からもうかがえるが、平安中期の『奥儀抄』にも「このみわの明神はやしろもなくて云々」と里人のはなしを記しており、鎌倉時代の『大三輪三社鎮座次第』にも「当社宝倉《ほくら》なし」と記録され、その後、江戸時代になっても次のよ

三輪山と三輪の町なみ

うな記録で本殿のない社頭の模様が特記されている。

すなわち本居宣長の『菅笠《すげがさ》日記』下に「かの御社の鳥居の前にゆきつきぬ。……神のみあらかはなくて、おくなる木しげき山を拝み奉る」とあり、谷重遠の『秦山集六』には「三輪大神、中ニ有ニ大鳥居一、両方ニ有ニ小鳥居各一一無ニ神殿一只拝レ山耳」といい、新井白石の『東雅』（神祠乃条）にも「大倭国青垣三諸の社は……宮殿等の制もあらず」とある。

また大和の名所記『和州旧跡幽考』巻十三城上郡には「三輪神社、一の鳥居、二の鳥居、楼門、宝倉、拝殿などあれども社殿は侍らず」、また『大和めぐりの記』には「三輪、社に廟堂はなし」といい、『日本国花万葉記』巻三大和国には「三輪大明神……一之鳥居、二之鳥居、楼門、拝殿、宝蔵なんど計有て神殿はなし」と記されている。

これを当社の寛文三年（一六六三）の造営記録によってみても、大鳥居、二ノ鳥居、拝殿、御安全所神主屋敷、御祈禱所、三鳥居、宝蔵、末社、勅使屋、社家屋、御供所、楼門、橋のみで、本殿の存在しないこと今日と同じである。明治初年の上地問題のおこったとき、あわてて本殿を建てようとして申請をしているが、かえって当局（教部省）は、三輪山そのものを社壇と定めてきた古来の由緒を尊重し、とくに本殿を造営する必要なしとして、これを却下した達書を出している。

また寛文年間、幕府に提出した社職高宮家、越家文書にも「三輪大明神は山を社壇に定めている」といい、あるいは「三輪大明神は山を崇め奉ること勿論に候」といっているなど、数ある記録のいずれも本殿のないことをとくに書き留めている。

神体山のよび方

古来三輪山は神の鎮まり給う山と崇められてきたが、御神体山ということばで書かれたのは江戸時代からのようである。山崎闇斎の三諸山之伝に「三諸山ハ身皆山ト云フコト、今ハ山ヲ神体ニスル。身皆山ヂヤニヨッテ、山ヲ神体ニシテモ能キコエル」と書かれている。神社に残る大神奉讃歌などにも、「みむろとはもらす事なくしろしめすこの御山を御神体とぞ」「大倭国和州も美和も御神徳、御無漏の山は御神体にて」「御山を御神体とのみわに知る一念三子妙理ふかしぎ」等、やはり江戸時代にこの言葉が使われている。しかし神社としては、明治四年三月五日附の大神神社より奈良県宛の口上書に使ったのが初めのようである。
一、当三輪山麓廻リ三里十八町、麓ヨリ頂マデ二十町五十六間ト有之候、兼而申上候通、神代昔大国主神御自ラ御魂ヲ当山ニ鎮奉給、故に神体山ト奉崇居候。
また明治四年九月二日社寺領上地令に対する大神神社より奈良県宛の答申書にも、
従征古、三輪山ヲ以テ御神体ト拝来候儀ニテ、拝殿、神門計、御正殿無之、神体山之儀何レ迄境内トモ除地トモ相分ケ難ク、云々。

と出ている。また『大和志料』にも「別に宝殿の設けなきは三輪山を神体とすればなり」とある。

また神社本庁元調査部長岡田米夫氏は、三輪山を神体山とよぶ主要な条件として、

一、山が神奈備《かんなび》の三諸《みもろ》山をなしていて

二、そこは神の籠らせられる所であるという対象となり

三、またそこには神聖なところとしての尊厳の神の座をもち

四、神殿がなく

五、麓には拝殿、神門だけがあって、そこを通して拝祭し

六、山は御留山あるいは禁足山として、その神聖の保持されていること

などであると説明されているが、日本宗教史上においても、古代の信仰の姿のまま、今日に生きている尊い、しかも稀にみる典型的な姿である。

三諸山

三輪の神の鎮まる三輪山については、日本書紀の神代巻に「吾欲レ住二於日本国之三諸《みもろ》山一。」と書かれ、古事記の上巻には「吾者、伊二都岐奉于倭之青垣東山上一。此者坐二御諸山上一神也。」と出ている。さらに延喜式の祝詞出雲国造神賀詞には「倭大物主櫛瓱玉命登名乎称天大御和乃神奈備爾坐」とあり、また万葉集巻三には「三諸乃神奈備山」同じく巻十三には「甘南備御諸山」とある。すなわち、三輪の神は神の森といわれる樹木がうっそうと茂るお山に住まわせられるということであるが、三輪山それ自体は自然地理学上ではどの位置にあるかをまず簡単に

説明しよう。

戦前から戦後間もないころは奈良県磯城郡三輪町字三輪山であったが、三輪町が隣村の織田・纒向と合併してしばらく大三輪町となり、ついで現在は桜井・初瀬・朝倉の町村と合併して桜井市と変った。しかし地籍上の「三輪山」は変ることなく、明らかに「三輪山」として独立地区を形成している。

北は山裾を流れる巻向川を境とし、南は同じく山裾の初瀬川近くが境界になっており、西は大和平野に下った足曳をもって明らかに区別され、東は初瀬山との地つづきながらも鞍部をもって境界としている。

もともと隣接する山々は同じ山脈にありながら、三輪山だけが地質がまったく異なり、その上、現代では民有地の山々は伐採がはげしく、原始林のままの三輪山とは一見して林層が異なり、古事記の記述のとおり「倭之青垣東山」として、太古の優姿のまま静まり返っている。

標高は四六七・一《メートル》、初瀬川河底よりの比高は三九九・六《メートル》、周囲は約十六《キロ》、面積およそ三五〇ヘクタールといわれる。いわれるというのは境界はすでに明瞭であるが、神体山なるが故に立入測量が不十分なためである。豊臣の検地帳、徳川の検地帳を見ても除地三輪明神山とだけで、ぜんぜん測量した形跡がない。

三輪山

三諸と神奈備

さて三諸《みもろ》と神奈備《かんなび》であるが、出雲国造神賀詞《かむよごと》では神奈備は大御和《おおみわ》の外、葛木《かつらぎ》の鴨《かも》の神奈備、宇奈堤《うなで》・飛鳥の神奈備がある。したがって三諸山は「大美和の神奈備」にあたることは当然である。しかし神奈備という言葉は甘奈備・神南備・神奈樋・神奈火なども書かれ、現在も他にも地名あるいは神社名として残っているところからして、固有名詞とは思えない。播磨国風土記に「なびつま」という小島のことが記されている。この「なびつま」は丸部《わにべ》の始祖の娘がこの島にのがれ「隠居《なび》った」ところからその名があるといわれる。天武紀には隠郡・隠駅をいずれもナバリとよませている。現在の名張市であるが、当桜井市にも「吉隠《ヨナバリ》」の地名が現存する。このように「ナビ・ナバリ」は隠れる意味をもった古い言葉である。

安藤正次氏は、「古典と古語」の論文で、いちはやくこの点に注目され、神は現世の人の眼にふれぬ、幽界に坐《いま》すものであるから、神の鎮座の地を神奈備といったのであろうと発表されている。

このように神がひそかに隠れ、こもる所と解してよいであろう。そのような素朴な神社の形は、東西の辺境地域にもおそらくあっただろうが、たまたま神奈備という言葉が近畿・中国、なかんずく大和・出雲に集中的に存在するのは、辺境地域にたいしてこれらの先進地域に行きわたっている地方語、雑語であるといわれている。

そこで「三諸の神奈備」あるいは「神奈備の三諸の山」というのは、神の鎮座するところを神奈備と称したのではなく、神の隠《な》び居るに適したところをいったものであろう。

出雲風土記抄によれば、神奈備は「神の森と云う言の約《つづま》りなり」と、古く天和の頃から考えられている。とにかく神奈備が森と関係の深いことは否定できない。一般的に鎮守の森といわれるが、神社を「モリ」とよますことは万葉集にも見られる。

ここで日本地名学者の池田末則氏の神奈備説を聞こう。大和の地名は三拍（二音節）の地形語から構成されているものが多い。ということは古い地名であるといえる。例えば、シキ・ハセ・ナラ・サホ・ウタ・アタなどがそれであるが、ミワのワは元来、槨・圏の意で磐境を指す。つまり磯《シ》城《キ》である。城（キ）は神霊の坐《まし》ます封域、換言すれば玉垣・石城・珠城・列城のキで、神奈備はキ（圏）と同義であると。これは吉田東伍氏のキへ・キノベ（岐部・柵戸）から、カンナビもカミノベの転訛とされる説と一致するものである。

神奈備の共通例

ついでであるが、全国の神奈備を調べて、その共通例を次ぎのようにあげている人がある。

第一には、山容が円錐形または笠形で共通している。

第二には、部落に近い、平野にたいして聳えている。
第三には、いずれも古来の大社が山麓に鎮座居している。
などである。また人によっては、
第一に、清浄なところ、しかも水にかこまれている。
第二に、見通しの利く位置、風景が良く、平野を控えている。
第三に、要害堅固の地形を占めている。
第四に、衣食住・交通の中心である。
第五に、四季を通じて気候が最適である。
などがあげられている。

右の条件は三輪山に関する限り全部がそのままぴったりと当てはまっている。

三諸・三室説　一方、「三諸」は「御室（三室）」であると説明されている。「森」や「樹木」によって作られた自然の「室」を意味するものであろう。「山陵志」にも「三室、三は本御と為すもの、之を尊ぶの称なり」とある。ミムロということばは三輪山にたいしてよばれたことが古く、大和にはほかにもあるが、もっとも尊崇される山、典型的な山であるがゆえに、カンナビとともに三輪山の固有名詞のごとく扱われてきたのであろう。

私がつねづね申すのは、明神御詠といわれる「つくろはぬ　いは木を　おのがすがたにて　かげはづかしき　三諸山かな」の御歌であるが、歌の心からうかがうと、いわゆる神奈備、神体山と称する三輪山の全容を形成する石根《いわね》、木立ちのすべてが大神御自身の影向《ようごう》にほかならないのであり、ありのまま生々流転の姿そのままに、虚飾なき森羅万象を抱擁されて無窮にそそり立つ御山であることを、神ながらに明示されているのである。

およそ、人間の思惟以前にこの三諸山にお鎮まりになった大神が、やさしく慈愛の情をこめて、〝はづかしき〟との言葉をさえ用いられ、元来非情の石、木にも血の通った生命を賦与され、造化の神性があまねく宿っていることを噛んで含めるように教えられているように思う。

「いは木」を「磐杉《いはき》」と表記しているむきもあるが（大三輪鎮座次第の附記）あるいは石城であってイワキ＝シキを意味するかもしれない。それは磯城瑞垣《しきみずがき》とか、磯城神籬《しきひもろき》とかいわれるように、「磯城」または「石城」の文字が当三輪山と密接な関連をもった固有名詞としてあらわれ、地名・部族名ともなっていることが多いので、その歴史的伝承の語調によるものかとも考えられる。

いは木とタブー

太古からの神聖な三諸山、すなわち三輪山全山を神体そのものとして仰ぐことは、われら日本人として今もなお昔と変らない。それは祖先から子孫へ正しく伝えられた畏敬の念、また不変の民族感情から発するある種の直観、おのずからな無心の賛美にもとづくのであろうと考える。そしてあえてその神聖を犯すことがあってはならないと厳に戒められ、文字通り一木、一石といえどもこれをみだりにすることはなく、絶対の禁忌《タブー》が過去のいかなる時代にあっても固く守られてきている。

上地令と大宮禰宜

明治の新政になり、明治四年、上地令がだされ、神体山三輪山は御鎮座以来の危機にさらされたが、幸いに除地となり、さらに終戦後ふたたび国有地とされ、御安泰が危ぶまれたが、三輪山の歴史的事実と万古不変の信仰の力には進駐軍といえどもどうにもならず、第二次国有社寺境内地処分法により大神神社に無償譲与されて還付を見たことは、ご同慶のいたりであった。

ここで先の明治上地令の際、決然として神体山護持に命をかけ、当局に切々たる陳情をつづけ、大神の稜威《みいつ》をつゆ損なうことなく守り抜いた先人のことを申し添えておきたい。その人こそ伊勢の人、当社大宮神風禰宜《ねぎ》である。

明《あき》都《つ》神《かみ》吾《あ》が天皇《すめろぎ》の　詔《みこと》にしあれば畏し、しかれども三諸の山は目に見えぬ幽事《かみごと》しらす大神の上《かみ》都《つ》御世よりうしはきて、しづまりましし山なれば、恐《かしこ》き山ぞ。此の山は。神の詔のなきからは、いかに申してえけむかも。吾は得《え》言はず。神のまにまに。

玉くし気《げ》三諸の山をいかにおもふ　大物主の神の御山所《みやまど》　足びきの山の足奪《と》り大神の　三諸の山はいかにして立つ

この歌によって大宮禰宜の気魄が今も感ぜられる。

御留山

お山にたいする神聖は神社当局がこれを護持するのみならず、時々の為政者もまた深い理解をもって守ってきている。たとえば、「三輪村検地帳」によれば、文禄四年（一五九五）豊臣氏は三輪山境内の全部を除地として保護し、延宝七年（一六七九）の検地でも

「三輪明神山」と称して全体を検地外の除地として、そのうえ朱印領六十石を寄せて社領の保護をくわえている。

また、寛永十五年（一六三八）に奈良町奉行中坊飛騨が神社に達した制札には、三輪山の神聖を犯す者には厳罰を以て処置する達しがあり、氏子は留山、御留山として守られていたことがうかがえる。

禁足地と惣山

また古来、三輪山内を取扱い上、二つに区分している。つまりもっとも神聖な所を「禁足所」または「禁足地」とし、その他の区域全体を「惣山」とよんでいる。

落　葉　札

この禁足所は現在も同様、拝殿の後、三ツ鳥居瑞垣の線より奥一帯の大宮谷と称する区域で、全山の内でもとくに神聖不可侵が守られている。

禁足所はもちろんのこと、惣山についても神主、社家、社僧でも山内に入り得るのは、下草落葉を清掃するときのみに限られ、それも特別許可の山札を所持するものでなければならなかった。以上のように、

一、他と異なる由緒と伝統が認められ

二、拝殿裏を特に禁足所としてここを最も神聖不可侵の地域とした
三、全山が「御留山《おとめやま》」と云われ、神主、社家、社僧の関係奉仕者の落葉・下草刈による御山清掃以外は許されない

という厳重な通達をもって守られてきた。

この方針は今日にいたるまで変ることなく守られ、みだりに山内に入ることを禁じている。そして官幣大社のころには山林係、現在は管理部の神地課が、常時巡回して保護にあたっている。

しかし、信奉者の登頂を特別許可することも行われてきた。御留山といわれ、山中に足を踏み入れることを恐れ、かつきびしい掟《おきて》で守ってきた江戸時代でも、特別の際には頂上の高宮神社登拝が許されている。というのは郷中に旱天が続き、どうにもならない極限に迫《せま》られたとき、神主・社家は、厳重な参籠を行い斎戒沐浴の上で、高宮神社へ登拝し、祈雨祭を奉仕している慣例がある。

高宮《こうのみや》神社への参拝法

したがって今日は信仰上、登拝を願い出る人には住所・氏名・入山時間（入山・下山時刻）、性別を記録し、狭井神社登拝口において修祓の上、木綿襷《ゆうだすき》を肩に掛けて登拝することを許している。もっとも往復ともに指定された一本の道を上下する以外は許されず、とくに禁足地域へは絶対に立入ることを禁じている。

また、江戸時代までは、お山の清掃のため落葉下草刈が神主、社家、社僧に限られていたが、官杜時代に入って地元氏子の要望もあり、山札利用を氏子区域にひろげ、神山守護係の監督のもとに

入山を差許していたが、これも現実には最近のエネルギー革命でほとんど利用者が無くなっている。

一とすじの神の御ン滝仰ぐかな　　白茅

四　磐座《いわくら》

磐座での祭祀

大神神社はこの三輪山を御神体とする信仰であるが、祭祀の形態の上に数多の変遷があったことは当然である。古代祭祀がどのように行なわれていたか、問題となることが多く、三輪山の中にある〝磐座《いわくら》〟の存在が焦点として論ぜられる。社伝では「大三輪鎮座次第」（鎌倉時代・嘉禄二年・一二二六）に、

当社古来宝倉《ほこら》無く、唯三箇鳥居《みつどりい》有るのみ。奥津磐座《おきついわくら》は大物主命、中津《なかつ》磐座は大己貴命、辺津《へつ》磐座は少彦名命。

とあり、当山に鎮まる神の御座すなわち神座は、三箇所と定まっている。

座田司氏《さいだもりうじ》氏の「神体山に関する考覈」の中から引用させていただこう。すなわち、氏はいう。

『現在神体山とよんでいる山岳、またかつては神体山として信仰されていた山岳には、その山中に多くの磐座が存在する。磐座は本質的には祭祀に際して一時、神が影向《ようごう》される神聖な場所である。神体山に鎮まる神にせよ、祭る場合は山全体を漠然と神の憑《よ》り坐《ま》すところとして祭る

よりも、その山中のとくに選ばれた場所を神座として祭祀を行う方が、祭る人々には神を体認せしめる上で効果的である。それが磐座である』

さらに『その場所は祭祀の性質・季節などから必ずしも一定のものに限られておらず、いわばその都度場所が変ったから、山中に多数散在するのも当然であり、祭祀に奉仕するものはもちろん特定の人であり、神卜によって決められたこの限られた人数の者は厳重な潔斎を行ない、恂《きよう》恂《きよう》として山中に入り、祭を行なったものである。神聖な山中へあえて入ることは浄域を犯すことと考えられ、はなはだ矛盾することのように思えるが、古代の人々はかならず入山の前に厳格な行法を修し、すでに神人合一の境地に達するにいたってはじめて許される奉仕であった』と。

磐 座 神 社

「いわくら」とは神のよります大きな岩石のことで、それを中心に周囲には祭祀の場である磐境(いわさか)がめぐらされている。古代祭祀の行統を伝える神域の本社の北方に鎮座になる。

　さすが、神道人らしい立派な見解で

あるが、はたしてこのような形で山中に入り、磐境の前で拝跪《はいき》し祭祀をつとめたことがあったであろうか。

天津神と国津神のまつり方

そもそもわが国の神祇について、神の鎮まりますところ、神の憑《よ》りますものには、多少の例外はあっても、おおよそつぎのように考えられる。つまり天津神の本拠は高天原であり、国津神の本拠は山岳であることは大祓詞でもうかがえる。

そのまつりかたは、天津神は神籬《ひもろぎ》が代表的な憑《よ》り代《しろ》となるが、後には本殿をつくり憑り代（幣・鏡などの御霊代）をその殿内に鎮斎するようにかわってきている。また、国津神は本来、山中に磐座を設けてまつられ、後には山麓に祭壇を設けたことは、三輪山の磐座、麓の祭祀遺跡などで知ることができる。要するに神はある「きまり」をもって設けられた岩石の集群に鎮座せられるものから始まり、時代を経て御霊代であり、神実《かむざね》として考えられるようになったと思われる。前記の「大三輪鎮座次第」にある奥津・中津・辺津の三磐座の出典と、文保二年（一三一八）十一月四日附の奥書がある「三輪大明神縁起」にある「社殿を造るならば、天を極め、地を穿ってその栖家《すみか》となす。草木国土は悉皆わが体であり、悉皆わが栖家である。何処か我が体でない処があらうか。何れの草木か我が体でないものがあらうか」。また「三種の霊木、松・杉・榊を以て三輪の神の御体となし、樫・柞《ははそ》・椿・青木・桜の五木を以て御殿となす」の記述は本来、磐座に始まった信仰が、お山全体に神霊が遍満《へんまん》して鎮まっておられるという神体山信仰に変化したことを物語るものといえよう。

神殿をつくらず

一方、他社では同様に、こうした磐座あるいは神体山信仰もありながら、祭祀の全《またけ》きを期する意味でか、神殿建築が行なわれ、しだいに背後の山が、神体山であることと離れていったものも多い。大神神社でも、明治六年ごろには危うく神殿が建つところであったが、時の教部省達によって禁止されている。

平安中期、藤原清輔の奥儀抄中巻に、

或人云、このみわの明神は社もなくして祭の日は茅の輪をみつつくりていはのうへにおきて、それをまつる也。やしろのおはせぬあやしとて里のものともあつまりてつくりたりければ、からす百千いで来たりて食い破り踏みこぼちて、その木どもをばおの〳〵くはへてゆきさりにけり。其の後神のちかひとしりてつくらずとぞ。

と書いているが、事実はいつの時代の誰の発想かわからないが、「神のちかひとしりてつくらず」と里人に信じさせたことは、古来の神山信仰と神聖を堅持して来たことにつながる説話である。

いわくら

さて、「いわくら」はかならずしも、天然現象である岩石・巨石、またはその集群を見つけて、これを直接に畏敬し、そのものを神とするものではない。日本人は古来、そこを神座と心得、神を招き奉ってはじめて祭祀を行ない、崇拝をするのである。したがって山が高いからとか、巨石なるが故で信仰の対象としたものではない。各地で見られる屏風岩などといわれるものは大きいには違いないが、名石としてたんに観光の対象にしか過ぎないものである。「いわくら」はけっして驚くほど大きいものではない。中には一個のみで威厳を備えているもの、巨石

磐座神社の磐座

群、重なり合っているものなどがある。そしてこれらの「いわくら」も自然のものと、人工的な仕組みのものとがある。人間の生活が山麓から低地へ移っていくと平野部にも造られている。

磐境

なお「磐座」と関連するものに「磐境《いわさか》」（日本書紀）の語があり、磐座は岩石群の中心になる神の座、磐境は中心の岩石を囲んで並べられる岩石群と考える人もあり、また両者とも同じ意義をもつ神の鎮まる座とも解されようが、磐座、磐境にはその形成に一定の規制があったように思われ、その典型的な姿をもつ三輪山および今日なお残存する全国各地の磐座・磐境をさらに精査、研究して始めてその真の姿が明らかになるであろう。

さて三輪山の「いわくら」について考えてみることにしよう。

奥津磐座・中津磐座・辺津磐座

三輪山には奥津《おきつ》磐座《いわくら》（奥の磐座）、中津《なかつ》磐座（中の磐座）、辺津《へつ》磐座（山すその磐座）とよばれる三か所の、神座である巨石群が存在する。そしてそれぞれ順に大物主神・大己貴神・少彦名神が鎮まる。奥津磐座は頂上の磐座であるから誰しも大物主神とすぐに納得がいく。古事記上巻の「此は御諸の山上に坐す神なり」に当てはまる。

中津磐座に祀る大己貴神については、大倭神社註進状に、

「孝明天皇元年秋七月甲寅朔遷二都於倭国葛城一。丁卯。天皇夢有二一貴人一対立二殿戸一、自称二大己貴命一曰、我和魂自二神代一鎮二三諸山一。而助二神器之昌運一也」とあり、また元永二年（一一一九）のものと伝えられる大神崇秘書には次のように記載されている。

「孝明天皇元年四月、峯の神杉(奥杉とも云う)に日輪天降る、是に天皇、吉川比古命をして大国主命を祀らしむ。古くは大杉を以て神体とす」

辺津磐座に祀る少彦名神については「大三輪社勘文」に「大神崇秘書」を引用して、

「辺っ宮は中っ磐座の南に在り。神殿無く磐座あり。辺っ磐座と称す。少彦名命なり。清寧天皇の御世・神託に依り賀茂君大鴨積命の八世の孫之を斎祀す」という。この辺津磐座については「鎮座次第」では、「清寧天皇が大伴室屋大連に勅して当神社に幣帛をたてまつり、皇子無きの儀を以て祈禱せしめられ給いし時、大神が宮能売に憑《かか》られ、大神の和魂と共に少彦名命を敬祭あそばされんことを請い、もろともに天津日嗣の絶ゆることなく皇孫を守り、人民を済わん」と託宣され、大御心を安んじ給うたと伝えており、同天皇の元年冬十月乙卯の日に、磐境を立て起して崇祭されたのを起源としている。この中で「辺っ磐座は中っ磐座の南に在り」という関係位置が理解しにくい。

現在、神社では文字に従って中津磐座、辺津磐座は中腹・麓の磐座を指しての名称であると説明しているが、共に一個処にとどまらず、数も多く、これだと断定はできない。やはり諸先輩の説かれるように神体山信仰では、「いわくら」は全山処々に点在するのが当然であるとか、あるいは祭

祀の度ごとに磐座が変ったこともあるという説、また頂上の奥津磐座にたいして麓の三か処より祭祀を奉仕したから、その線上はそれぞれに辺津、中津の磐座が存在するという説を考えるべきで、中世末期の大神曼荼羅ともよばれる古絵図は、第三の説を思わすものがある。

古今集所載の神詠に「わが庵は三輪の山もと恋しくば訪ぶらひ来ませ杉立てる門」という門を字義通りに解するならば麓を指し、「大和めぐり記」には「拝殿の上に低き山あって杉多し。参詣の人、是に向って拝す。後は大なる茂山なり」とある。参詣の人が是に向って拝するのは、そのままにうけ取るとやはり麓の低山を指しているから、辺津磐座を拝していることになり、現在の拝殿・三ツ鳥居を通しての拝し方と変らないところから、これらの歌や旅日記は広義に解しないと誤解を招くことになる。

磐座線

次にこれらのいわくら群を神社考古学の分野からのぞいてみると、江戸時代の「雲根志」、明治になっての「大和志料」当社二十一代宮司遠山正雄氏の「いはくらについて」「三輪山の研究」及び樋口清之博士の「三輪山に於ける巨石群」「三輪、山ノ神遺跡の研究」などに発表されたものが参考になる。

お山の西面、本社拝殿と摂社檜原神社の中間にあたるところに、頂上より麓（山ノ神）に至る一線上に磐座群が見られる。そのほか、西面の麓にあって常に人々の目に触れる石で、磐座と見られるものは、まず摂津磐座神社の一個（一体と申すべきも説明上わかりやすく一個とよぶ）、ついで本社参道脇の夫婦岩といわれる二個、若宮社の一個、祇園社・九日社の各二個、また磯城御県坐神社の四個など正しく磐座である。

次の磐座線は本社拝殿よりのものと、摂社檜原神社線とが代表的なものである。これから推して大神曼荼羅、三ツ鳥居の意義を解説する根拠もうなずける。樋口博士は山麓の三か所拝所が、水陸の要衝、海石榴市《つばいち》に一番近い現在の場所に集約されたのではなかろうか、大神神社の神宮寺が二ノ鳥居に近い所に建てられたのが出土の古瓦などで奈良朝にさかのぼるので、それより以前のことであろうと推定されている。

磯城御県坐神社の磐座

拝殿奥の磐座線

まず現拝殿奥の磐座線について説明が許されるならば、この地域こそ、古来もっとも神聖な地域として現在もなお禁足地とされている。寛政十一年（一七九九）に茶臼山から発見されたものには斎部土器の酒瓮や切子玉などが「雲根志」に紹介されており、「大和志料」にも「今、神門より二町許り東に茶臼山と字する所あり。有名な切子玉（俗に茶臼

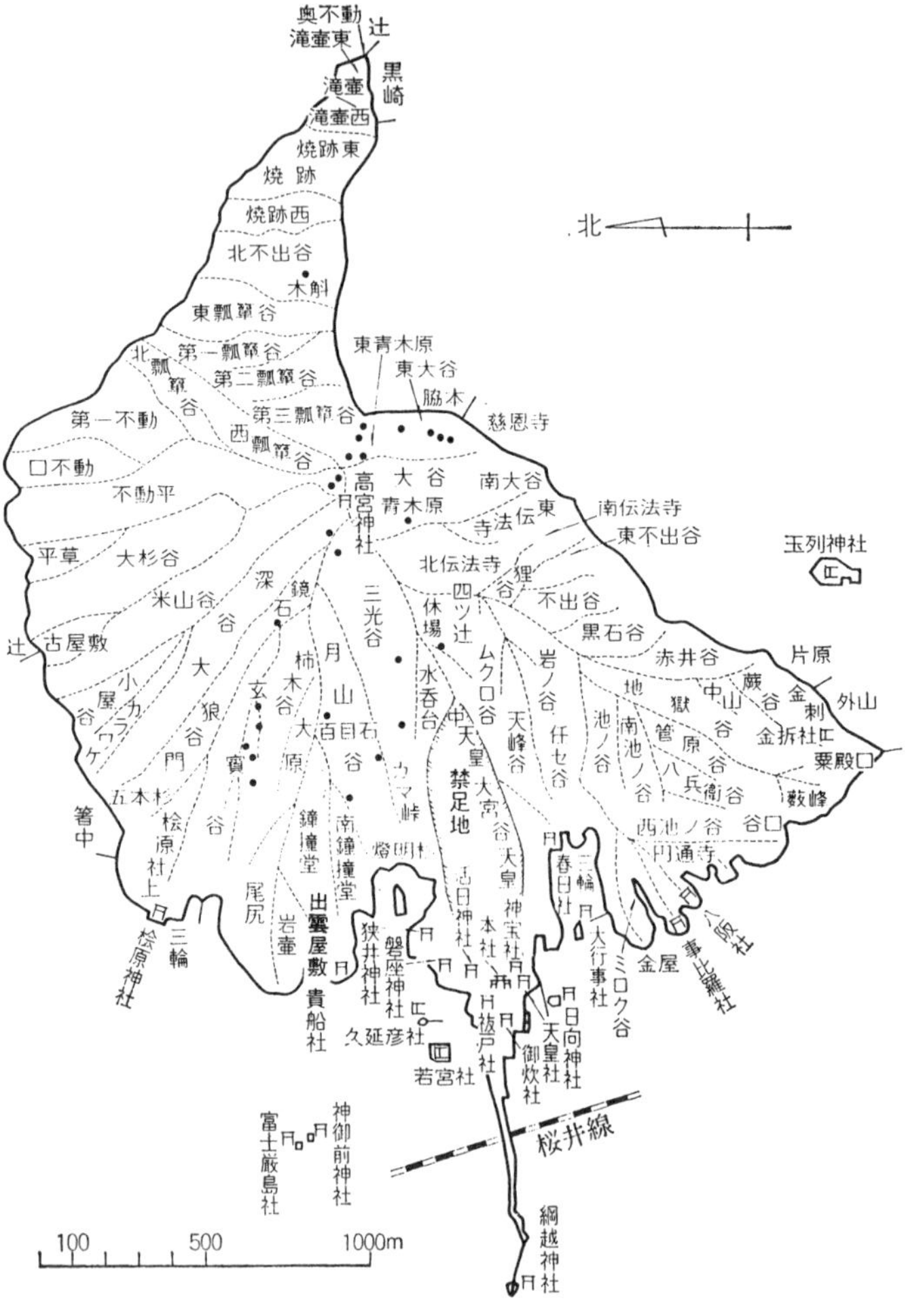

御山の磐座（禁転載）

石と称す）は実に之より出ず。古来、曲玉、管玉、石剱頭・槌石等の発見すること往々にして、云々」と書かれているが、降雨のため地表に露出したり、流れ出したもので、近くの人たちは相当の量を拾得している。

夫婦岩

昭和三十年代に行なわれた三ツ鳥居の根つぎ工事や、禁足地脇での水管の敷設工事などの折にめずらしい子持勾玉や、多数の土器破片などが発見されたことからも、驚くべき大量の埋没品がいまだに眠っていることは確かである。

しかし磐座や祭祀遺跡と思われる所を発掘調査することは絶対に許されない。その上、山中での写真撮影も、神聖不可侵の態度を守り通し、堅く禁止されているので、これ以上は深く立証することはできない。

拝殿奥から頂上への線で、禁足地を除いて三〇〇《メートル》ほど登ると、その間に三群の磐座個所があり、さらにおよそ四〇〇《メートル》までの間には同じく三群があって、それ以上は四六七・一《メートル》の頂上大集群に到達している。もっともこれらは一応、当社神地課が典型的なものとして折紙をつけた磐座に限っている。従ってその他にも散在する磐座は多い。

山の神線

つぎに山ノ神線についていうと、西の方からちょうど「へ」の字型のお山にたいした場合、いわゆる中央線である。山麓には神武天皇の皇后として大神《おおみわ》族より立たれた五十鈴姫命の居住地「出雲屋敷」があり、その奥にこの山ノ神祭祀遺跡がある。これは一時、民有地であった大正時代に所有者が開墾をしようとして大石を動かしたのをきっかけに発掘調査が行なわれたものである。したがってそれより頂上への線には、およそ三〇〇メートル以下には五群（その中二群は㈠と重複している）、それより上四〇〇メートルまでに二群（㈠と重複）があって、頂上の奥津磐座群へと結ばれる。

檜原神社からの磐座線

つぎに西面の北端に近い摂社、檜原神社からの線である。本社拝殿より北十町の山麓に鎮座する「元伊勢」からの線であるが、ここは通称オーカミ谷といわれているが、正しくは「拝ミ谷」といったものであろう。この社も「享保年中覚書」によっても知られるとおり、御本社同様、拝殿のみの社である（現在は三ツ鳥居のみ）。ここを登っていくと、その南につづく玄賓谷にかけて、およそ三〇〇メートルまでに五群と、それより上四〇〇メートル附近までに三群（中二群は㈠㈡と重複）があり、頂上群へ到達する。

そのほか注目すべきことは南面する桜井市脇本区（氏子区内）からの線である。線上の東大谷に四群、東青木原に同じく四群、西青木原に一群とまとまっており、頂上群に連なっている。これらについては今後の研究が待たれる。

磐座でのまつり

以上のように点在する磐座・磐境でどのようなまつりが行なわれていたのだろうか。代は降るが万葉時代の歌に詠《よ》まれているもの、例えば「忌串《いぐし》立て酒瓮《ミワ》据ゑまつる祝部がうづの玉蔭見ればともしも」とか、あるいは「三諸の神奈備山に五百枝刺し」などとあり、またその他の歌にも「竹玉《たかだま》にしじに抜き垂れ」とあり、おそらく神仕えのものが斎串をたくさん立て、その前に酒壺を据えて祭をしたようであり、茶臼石（中に子持勾玉や管玉もあったであろうが）をたくさん糸に通し木の枝にかけてまつった様子が想像される。

しかし磐座の形状から観察すると、石はいずれも自然石で、三輪山独特の斑糲《はんれい》（灰緑色または黒色の深成岩）岩が大部分である。ところによってごくまれに花崗岩も見られる。これらの石は十《トン》を越える巨大なものが多く、おそらく群をなして、もとからそこに存在したものであろうが、中には大きな石はそのまま動かさず、近くにある石を集めてきたもの、そしてこれら大きなものを中心に磐境として持ち寄った石を周りに並べたもの、などが考えられる。

自然位置のままのものと、人工的に寄せて積んだり、並べたりしたものとの区別はつきにくいが、巨石の下に人工的に栗割石を入れたことが明瞭にわかるものもあり、山中の磐座で祭祀を行なったことはまぎれもない。万葉の歌にも詠まれているような祭を行なっていた時代において、それは山中での祭であったのか、あるいはその頃すでに山中には入らず、山麓の拝所で行なっていたものなのか、はっきりしない。

江戸時代の当社神事勤行日記を見ると、雨乞いのため入山し、頂上の高宮《こうのみや》神社において祈請している記録が残っている。すなわち

享保三年（一七一八）六月十一日　雨請祈願に惣社中　並八乙女高ノ峯へ社参致候。

十六日　七ツ時分より社中八乙女、高ノ峯へ上り申候、星降りにて雨降りぬれ申候。其夜、神主並主膳、勘左ヱ門、武右ヱ門、勘三郎、五兵衛、庄右ヱ門、源蔵三郎子善十郎此の人数高ノ峯にこもり申候処に、夜明けに又雨降りぬれ申候。

廿六日　朝、神主高宮神社へ雨請成就の御礼に社参、八ツ時分より大きに雨降り、万民悦之。

などと書き留めている。

雨乞い入山

この雨乞い入山はたびたび記録がみえ、この登拝はひいては篤信者の高宮神社への登拝として、とくに許可される現行事の源流でもある。

こうして山中の磐座崇祭は、たまたま出土した山ノ神祭祀遺跡の貴重な祭祀用遺物（現在、東京国立博物館及び本社所蔵）によって、どのような祭であったかはおよそ想像されるが、時代の推移とともに麓に拝所が設けられ、そこで祭祀が行なわれるようになったであろうことも判断される。そして、その残された唯一のものが現在の本社拝殿であり、三ツ鳥居である、と考えてもよいのではなかろうか。

三輪山の信仰は、神奈備の三諸から磐座、磐境などを経て、今日のように、南拝所に集約された本社拝殿から三ツ鳥居・禁足地を通して全山にあまねく満ちている神霊を拝する信仰におちついたものであろう。事実、中津磐座・辺津磐座にしても、このあたりから上にあるものが中津磐座、下にあるものが辺津磐座であろうと判定する以外に方法はなく、ましてや大己貴神の磐座、少彦名神の磐座は果してどれか、などとたずねられても指摘することはできない。

磐座信仰の本質

しかし現に当三輪山祭祀の神は「奥津磐座に坐す大物主神・中津磐座に坐す大己貴神・辺津磐座に坐す少彦名神」としていながらも、祝詞《のりと》によってわかるように、官幣社時代から踏襲する主文は「倭大物主櫛𤭖魂命と御名称え奉る大神《おおみわのおおかみ》大神の広前に」で始まり「辞別《ことわ》きて大己貴大神・少彦名大神を始め摂津末社に鎮《しずまり》坐《ま》す大神等の御前に白さく」と三柱の大神等を同格にはお取り扱いしていない。つまり大物主大神を主祭神、他の二柱を配祀としているのである。

神饌もまた本案（案とは神饌などをおく木の台）は大物主大神一柱のみに献げ、大己貴神・少彦名神への神饌は脇案に、しかも相嘗《あいなめ》の形でお供えする。おそれ多いことながら、早く申せば摂末社の御待遇と大差ないのである。このしきたりを掘り下げて見ると、「いわくら」信仰を解明する鍵がこのあたりにあるのではなかろうかとも思われるのである。

五　考古学から見た三輪

三輪山の下を通る山の辺の道が、じつは大昔に大和盆地が大きな湖であり、その湖岸の道であったといえば驚かれる人も多いだろう。

大和湖盆地

事実、大和は平地部のほとんどが、古くは鹹水《かんすい》をたたえた海湾で、後には淡水湖を形成したが、しだいに土地が隆起して大和川となって水は排出され、そのあとがしだいに干あがっていくにつれ、平地部が拡がったものといわれている。七・八世紀までは大阪湾から直接、舟運の便があり、近世になっても県境の亀ノ瀬で物資の積み替えがあったが、この水路は大阪への重要な交通路であった。

三輪出身の考古学者、樋口清之博士の話によると、三輪山麓のだいたい標高七〇《メートル》あたりが、その当時の大和湖々岸というわけで、その湖周に平地最初の人類居住地が見られるのである（もっとも三輪山後方の山間部である山辺郡には、それ以前の古い居住地跡が発見されているが）。縄文前期といわれる、いまから約六千年前には、三輪山麓には人類居住の跡が見られる。

三輪山麓から大和三山を望む

三輪山山麓、檜原神社付近の桃畑から眺める大和三山。大和の国原に島のように並ぶのが、右から耳成山、畝傍山、少し離れて天の香具山。

そしてこのあたりを基点として、大和湖の干あがるにつれ、順次平野部へと降《くだ》り住み、三輪山から流れ出る水によって農耕が営まれ、そこでは弥生文化が開けて行った。そしてこの弥生文化の中頃、つまり二千数百年前の大和湖周辺が、神武天皇の建国物語の背景となっている。標高六〇米《メートル》線までが、上代宮址伝説地となっていて、考古学と古文献とが一致している点を力説されている。

縄文から弥生へ

おそらく縄文後期から弥生文化時代、三輪山麓に住みついた人たちが、三輪山を信奉してきた大神《おおみわ》族であったことは間違いがなかろう。大和で一番早く開けた三輪文化こそ、三輪山の信仰と共に、起源は古く、かつ相当長期にわたったものであることが、今日、考古学的に証明されている。

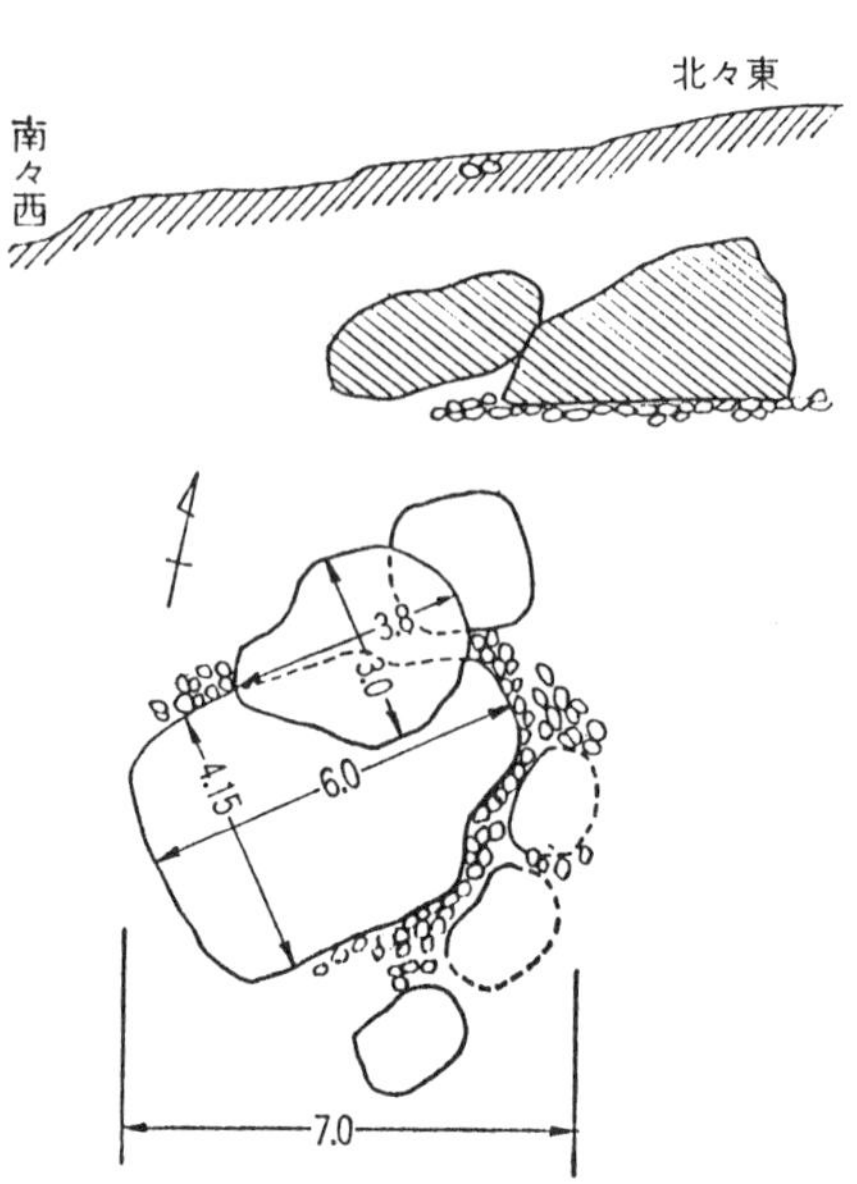

山ノ神祭祀遺跡の旧状（上・大正７年発掘）
とその巨石構築状態

したがって三輪山麓の出土品は、まことに多く、南麓の金屋区より山の辺の道にそい、本社拝殿奥のいわゆる禁足地域、また北方、山の辺の道檜原の岡にいたる間、柿・みかん・桃などが栽培されている畑地にかけて、容易に発見される。

山ノ神遺跡

とくに大正七年（一九一八）に発見された山ノ神祭祀遺跡は、たまたま民有地となっていたため、詳しく調査されている。この遺跡は、狭井神社の東北、狭井川の上流にあたる三輪山麓に位しており、標高は一四〇メートルほどのところにある。ご神体山の三つの神座の一つ、辺津《へつ》磐座の一つと見られる巨石を所有者が開墾のために動かしたところ、臼玉が入った素焼の坩《つぼ》が発見されたのが端緒となったものである。県が本格的な調査を始めるまで三ケ月という期間を空《むな》しく送ったために、巨石は勝手に動かされ、数多くの出土品は土地の人々に持ち去られるという状況であったことははなはだ遺憾であるが、県が発掘し、東京国立博物館に所蔵されているもの、また幸いにもその後、樋口博士が蒐集されたものなどから、貴重な祭祀遺物のおおよそを知ることができる。

山ノ神祭祀遺跡

同博士の「大神神社の考古学的研究」によると、山ノ神遺跡は長さ二メートル、幅一・五メートルの斑糲岩を中心にして、周りに一メートルほどの斑糲岩五個が埋没し、その下には一面に割栗石がいれてあったということで、出土品は、小型銅鏡（径三センチ、平面素文鏡三面以上）、碧玉製曲玉（五個以上）、水晶製曲玉（一個以上）、鉄片（若干）、滑石製臼玉（五〇箇以上）、管玉（数百）、双孔円板（数百）、滑石製板曲玉（数百）、剣状石製品（数石）、子持勾玉（一個以上）、土製高杯・盤・坏・臼・杵・柄杓・匙・円板・箕・案等多数であった。

そのほかに須恵甕や土釜の破片も出土し、サヌカイト製粗製石器・中期弥生式土器片も出土している。この中、滑石製品・土製品は祭祀用模造具であり、碧玉や水晶の曲玉は実用品を祭祀に使ったものであ

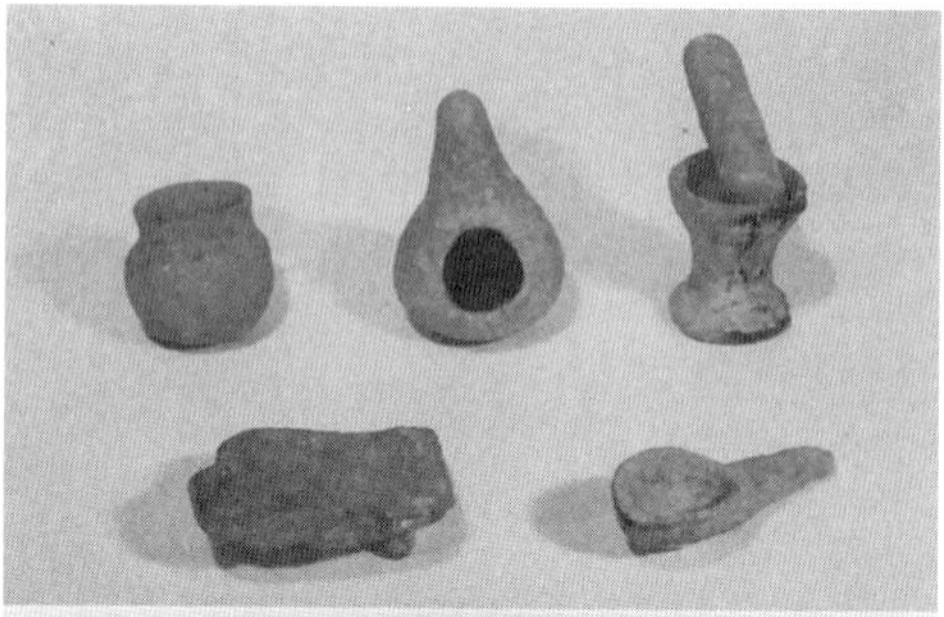

り、銅鏡はあまり小形で平面であるのでおそらく祭祀用模造品であろう。臼玉など未だ地元民家にも残っているようである。また昭和の初頃までは雨上りには附近で数十個は容易に採集できたということである。

土器の性格

これらの遺物の種類からいって、鏡・剣・玉類を除いては、ほとんどが農具・食事に関するもので占められ、御祭神、大物主神が農耕神であられるほか、酒をはじめ飲食を中心とする生活神であったことがわかる。

要するに、山ノ神遺跡の年代は、その出土品から見ておそらく弥生文化の時代、つまり二千年を越える昔に始まり奈良時代に終っていたと考えられるのである。

考古学者の大場磐雄博士は、山ノ神遺跡より発見された土器のうち、堅臼・堅杵・匏・柄杓・

箕・案は他所では見られぬめずらしいもので、これは明らかに醸酒に関係するものである。延喜式神祇巻の四時祭をはじめ、諸祭の祭料品の中の醸酒料の用具と合致することはまったく驚くべきことである、と述べておられる。

三輪山周辺より出土した遺物（横瓮）

禁足地からの出土品

つぎに神社の祭祀遺跡として最大なのは、三ツ鳥居より奥のいわゆる禁足地域である。そうとう貴重な遺物が地中に埋没されていることは想像に難くないが、なにぶん神体山のもっとも神聖な場所だけにこの調査は望むべくもない。しかし禁足地の南端と覚《おぼ》しきところで、昭和三十六年九月、防火施設の導水管を設置するとき、地下二〇センチほどのところから子持勾玉（長さ一〇・七センチ、幅六・四センチ、厚さ二・四センチ）一箇が、さらに引きつづきこれに近いところでもう一個が出た。

またこれより先、昭和三十三年九月の三ツ鳥居修理のとき、はからずも、柱の根元から小型の子持勾玉が発見されている。

同じく樋口博士は、拝殿がつくられる以前には、おそらくこの禁足地において祭祀が行なわれたのであろうといわれ、

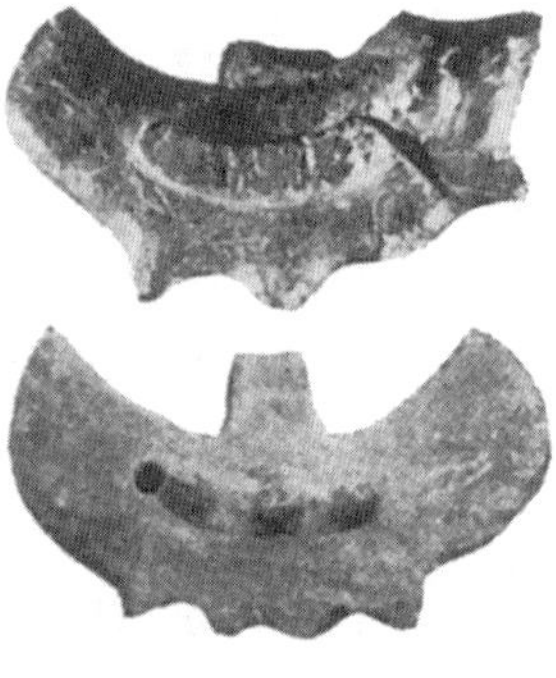

子　持　勾　玉
（上は狭井川畔出土、下は禁足地出土）

古く木内石亭の「雲根志」に、三輪山出土の石剣類（子持勾玉）が数個のせられているし、またこの地域で茶臼石（滑石製臼玉、万葉集に見えるタカ玉・竹玉）が拾得されており、考古学上でいう三輪玉が、江戸時代にはかなり、この周辺から出土したので、それらにこの名が付けられたもので、これは玉纏《たままき》太刀の把柄の装飾品であるところから、玉纏太刀も奉納されたのであろうとみられている。

ちょうどこの禁足地の南よりに御祓川が流れているので、大雨のあとなどこの川の中でいろいろのものが発見される。その主なものは古式土師器、後期土師器、また土製の祭祀用品、古式須恵器、奈良時代のもの、平安時代の須恵器の破片などである。また先年の水管工事の時に出た弥生土器、サヌカイトの石屑などは興味深いもので、これらによっても、石器使用の時代からの祭祀遺跡であることが認められるのである。

纒向遺跡と皇居伝承地

このように三輪の地は、以前から考古学的に注目を集めていた。もともと三輪山の麓は磯城《しき》の地とよばれ、纒向や磐余《いわれ》、泊瀬を含む一体が狭い意味でのヤマト（三輪山のふもとの意味）である。やがて奈良全体を大和と呼ぶようになり、さらには日本の呼称となるまでに拡大したといえよう。

『古事記』や『日本書紀』によれば、神武天皇とともに「ハツクニシラススメラミコト」と称えられ、神祇を篤く敬った崇神天皇の皇居は「師木水垣（磯城瑞籬）宮」と記されている。次の垂仁天皇は「師木玉垣（纒向珠城）宮」、景行天皇は「纒向日代宮」と記されており、磯城、纒向に都を営まれたと伝わっている。

平成二十一年（二〇〇九）には纒向地域から大型建物を含んで東西に並ぶ三棟の建物跡が検出された。この建物群は三世紀から四世紀にかけての大和朝廷の宮殿遺構とも考えられており、この建物跡にたたずむと三輪山の秀麗な姿を間近に仰ぐことができる。そして建物跡を含む纒向遺跡が平成二十五年（二〇一三）に国の史跡に指定された。

三輪山の北西麓から南麓にかけては大和朝廷草創期の天皇の皇居伝承地が多く残されており、本書十五で詳しく述べるが、この纒向遺跡の中心部とも目される宮殿遺構は「磯城」や「纒向」の名を冠する皇居の有力な候補地である。

六　大和と三輪（大神）族

三輪山麓の人々

こうした三輪山麓の考古学的出土品からみて、大和の平野部に人間が住みついた始まりが、このあたり一帯であったと想像される。それは縄文時代の前期、つまり四、五千年から七千年前にさかのぼる大昔からのことである。

その人たちこそ、三輪山に鎮まる大神を氏の神と信奉する三輪族（大神《おおみわ》族）であったといわれ、血族集団として強大な勢力をもち、後に神武天皇の大和入りにさいしては、とうぜん大きく前面にあらわれた存在であっただろうし、また信仰面においても、新しい日の神信仰にたいして大三輪の信仰は、それ以前からの根強いものがあったであろうことも考えられる。

三輪の祭祀権の変遷

「ハックニシラススメラミコト」とたたえ申す初代神武天皇が、皇后として三輪の五十鈴媛を迎えられ、同じく「ハックニシラススメラミコト」とたたえ申す第十代崇神天皇もまた、三輪を本貫とする大彦命の娘、御間城媛《みまきひめ》を皇后とされていることは、いずれも地方豪族との融和政策上からのこととみられる。いい換えれば、天津神系と国津神系の婚姻による統合である。それは政治的な支配権の統一と同時に、大三輪の神にたいする祭祀権をも合せて掌握されたことを意味するのである。

少くとも崇神天皇の御代には、大三輪の神にたいして、従来、三輪族が仕えてきた私祭の形から、天皇が祭祀をされる官祭にかわったと見る史家が多い。

天皇親政の初期、神武天皇につづく綏靖・安寧・懿徳・孝昭・孝安・孝霊の代々の天皇は、三輪系の磯城《しき》県主《あがたぬし》あるいはこれと並ぶ十市《といち》県主《あがたぬし》等の地元豪族より妃を迎えられている。

三輪山麓の皇居

昭和五十五年、歴史的風土保存地区に指定された飛鳥古京の地は、三輪文化を引きついだ、やはり民族のふるさとであるが、日本の黎明期であった当初は、この三輪山麓が、政治・経済・文化の中心であり、原始日本国家成立の説話の数々を生んだ地であった。

試みに現在の桜井市の行政区内について見ると、ここには次のように歴代の皇居が設けられた。

第一〇代	崇神天皇	磯城瑞籬宮《しきみずがきのみや》	金屋区
第一一代	垂仁天皇	纏向珠城宮《まきむくたまきのみや》	穴師区
第一二代	景行天皇	纏向日代宮《まきむくひしろのみや》	穴師区
	神功皇后	磐余稚桜宮《いわれわかざくらのみや》	谷区
第一七代	履中天皇	磐余稚桜宮《いわれわかざくらのみや》	谷区
第二一代	雄略天皇	泊瀬朝倉宮《はつせあさくらのみや》	黒崎区

第二二代　清寧天皇　磐余甕栗宮《いわれみかぐりのみや》　池ノ内区
第二五代　武烈天皇　泊瀬列城宮《はつせなみきのみや》　脇本区
第二六代　継体天皇　磐余玉穂宮《いわれたまほのみや》　池ノ内区
第二九代　欽明天皇　磯城島金刺宮《しきしまかなさしのみや》　外山区
第三〇代　敏達天皇　訳語田幸玉宮《おさださきたまのみや》　川合区
第三一代　用明天皇　池辺雙槻宮《いけべなみつきのみや》　高田区
第三二代　崇峻天皇　倉梯柴垣宮《くらはししばがきのみや》　倉橋区

こうして三輪周辺の遺跡から出土する遺物は、大和文化の発祥より、奈良時代初期にいたるまでの幾千年かにわたる長い長いわが民族の歩みのあとを物語っている。

三輪氏と大神族（大三輪族）

世に大神族《おおみわ》あるいは三輪族とよばれる人たちは、三輪の神の神孫と信ずる同族意識、血族意識によって結ばれた集団である。そして古代大和においては、もっとも高度の文化をもっていたと考えられるが、その中心はやはり祭祀に仕える大神主家に帰するといえる。いま、大神主家の高宮家系譜をみると、これは、樋口博士の指摘されるように、一部整理の手が加えられたとしても、貴重なものである。

最初は素盞嗚命――大国主命――都美波八重事代主命――天日方奇日方命とつづき、天日方奇日方命の妹二人、つまり姉の媛蹈鞴五十鈴姫命は神武天皇の皇后に、この妹、五十鈴依姫命は綏靖天皇の皇后になられている。それから中五代をおいて大田田根子命《おおたたねこ》となっており、崇神天皇八年十二月卯日に美和大神をまつるとある。つぎに中二代を経て大友主命の名が出ている。仲哀天皇・神功皇后にしたがって三韓の征途につき、筑紫において三輪の神を勧請申上げている。当時宮廷にあって、武内《たけのうちの》宿禰につぐ有力者であった。

　そのあとには二代おいて身狭《むさ》が出てくる。雄略天皇のときである。天皇のために、有力な皇族がつぎつぎに疑いの眼でみられ消えて行った激動期に身狭《むさ》もまた、御馬皇子《みまのみこ》と特別親交のあったことが記されている。その子、特牛《ことひ》・比義、布須の三兄弟の中、特牛《ことひ》は欽明天皇元年四月卯日に大神の四月祭を始むとあり、弟、比義は同二十九年豊前国宇佐郡菱形山に八幡大神を奉斎し、宇佐八幡の祠官の祖となっている。布須の子、白堤は推古天皇の勅命を奉じて、奈良の率川《いさがわ》のほとりに率川《いざがわ》坐《にます》大神《おおみわ》御子《みこの》神社（現在、奈良市内の率川神社）を奉祭している。

　一方、特牛の子、逆《さかし》は敏達天皇の十四年に物部守屋《もののべのもりや》、中臣磐余《なかとみのいわれ》らと排仏の先鋒となり、蘇我《そがの》馬子《うまこ》と対立、善信尼らを捕えて海石榴市《つばいち》で鞭打の刑を行なっている。のち、用明天皇の元年五月、かねて不仲の穴穂部皇子《あなほべのみこ》に攻められ、一旦は三諸《みもろ》の岳（三輪山）へ逃げ込み、夜になって炊屋姫《かしぎやひめ》皇后（后、推古天皇）の別宮、つば市宮にかくれるが、従弟の白堤の内通により攻め亡されている。

　この逆《さかし》は敏達天皇の殊遇を受け、国政を委ねられるまでの出世をしていることが記され、逆《さかし》の孫にあたる文屋《ふみや》は、皇極天皇二年（六四三）十一月、山城大兄王《やましろのおおえのきみ》が蘇我入鹿《そがのいるか》のため最期をとげられるが、文屋は始終、大兄王と行動をともにするほど信任せられていたことが、書紀によってもうかがえる。

孝徳天皇大化元年（六四五）七月には、三輪栗隈君東人《くりくまのきみあずまびと》が任那《みまな》の国境検分に派遣され、同五年五月には、三輪君色夫《しこを》が新羅《しらぎ》の国へ使いしている。また天智天皇二年（六六三）三月には、三輪君根麿が二万五千の兵を率《ひき》いて新羅《しらぎ》遠征をしており、天武天皇十三年（六八五）五月には、三輪引田《ひきたの》君《きみ》難波麿が、大使に任ぜられ高麗《こま》の国へおもむいている。

このように海外へ重任を帯びて出かけている者が多いのはやはり三輪の地が早くから、外来文化の影響が強かった土地がらの故であろう、と樋口博士は推論されている。

高市麿

三輪族の中でも、とくに華々しい生涯を送ったのは高市麿《たけちまろ》であろう。有名な壬申《じんしん》の乱（六七二）に際しては急進派にくみせず、大海人皇子《おおあまのみこ》（天武天皇）方につき、近江軍の別将、廬井造 鯉《いほりいのみやつこくじら》の大軍を三輪の箸墓のもとで撃破し、この功績によって天武天皇八年（六八〇）、三輪君を改めて大神朝臣の姓を賜わり、同十年九月には氏上《うじのかみ》となり、持統天皇六年（六九二）六月、直大弐中納言、大宝元年（七〇一）、従四位上、同二年正月、長門守、同三年六月、左京大夫に任ぜられ、慶雲三年（七〇六）二月逝去、従三位を贈られている。その弟の安麿《やすまろ》は、慶雲四年九月に氏上となり、のち和銅七年（七一四）正月には従四位上を贈られ、兵部卿に任ぜられており、つぎの弟、狛麿《こままろ》は霊亀元年（七一五）正月に正五位上に叙せられ、同五月には武蔵守に任ぜられている。妹の豊島売《としまめ》は命婦《みょうぶ》として元明・元正両朝に仕え、天平八年（七三八）正月には従四位上に叙せられているというように、以上の期間は、一門の栄えた時でもあった。

また高市麿の孫大神朝臣末足《すえたり》は宝亀七年（七七六）に遣唐副使に任ぜられ、同一〇年三月帰国して正五位上、左中弁となっている。

有名な三輪そうめん（寒中手延《てのべ》式素麵づくりで全国に知られている）の始祖といわれる穀主《たねぬし》は、天長二年（八二五）四月、従五位上、天長四年正月に大神氏上となった三支（佐韋久佐）の次男にあたる。

その後、三輪族は新興勢力の藤原一門にしだいに中央の座を追われ、もっぱら地方に落ちつき、一族の奉ずる三輪の神の御神威発揚につとめたものと思われる。

しかしながら終始謹直に奉公し、聖徳太子亡きあとはその遺児を守り抜き、反蘇我派の領袖として天智天皇を擁護し、穴穂皇子の反乱によく推古天皇をお護り申上げるなど、七〜八世紀の変動のはげしい時代にあって政治・外交・経済・文化の諸般にわたり、三輪族の活躍した状態は書紀その他の史料に数多く記載されている。

七　大神神社のご祭神

大物主神の御出自

磐座でみたように、大神神社の主たる御祭神は大物主大神《おおものぬしのおおかみ》である。くわしくいえば倭大物主櫛甕魂命《やまとのおおものぬしくしみかたまのみこと》である。御神体山三輪山の奥津磐座《おきついわくら》に大物主大神、中津磐座《なかついわくら》に大己貴神《おおなむちのかみ》、辺津磐座《へついわくら》に少彦名神《すくなひこなのかみ》をおまつりしている。

大物主大神が鎮まられたのは、『古事記』『日本書紀』にでているように、遠い神代のことであり、日本国中で一番古いお社とされている。社伝によると、中津磐座（中腹の磐座）に大己貴神を配祀したのは、第五代孝昭天皇の勅によったものとされ、辺津磐座（山すその磐座）に少彦名神をお祀りしたのは、第二十二代清寧天皇が神告によって鎮祭せられたといわれている。いずれも主祭神、大物主大神と国作りに協力してつくされた神であることが注目される。

古事記と大物主神

さて大物主大神のご鎮座については、いろいろに考えられるが、まず『古事記』『日本書紀』でご鎮座のはじまりを調べてみよう。

『古事記』では、大国主神が、自分と兄弟となって、ともに国造りにはげんできた少彦名神を失われ、落胆のあまり、自分ひとりでこれから先、どうしてこの国を治めることができるだろうか、どの神とともに国造りをしたらよいだろうかと思い悩んでおられた時、海《うなばら》を光《てら》して依《よ》り来る神あり、その神の申されるのには、「我が前《みまえ》を能《よ》く治《おさ》めれば(自分の霊をおまつりすれば)、自分が一緒になって、うまく国造りをしてやろう。もしそうでなければ国造りの大業は不可能である」と仰せられた。そこで、大国主神は、さらに「お祭り申上げる方法はどうしたら良いのでしょうか」とたずねたところ、「自分を倭の青垣東の山上に斎きまつれ」と仰せられた。

『三輪明神縁起絵巻』神光照海の図

これは御諸《みもろ》山の上に坐《ま》す神なり――大和の国の周囲を垣のように取りまいている青山の、その東方の山上――つまり、大和平野の東青垣の山々の中でもひときわ秀麗な三輪山にお祭りせよと仰せられたので、早速そのようにしてご奉斎したのが、当大神神社のおこりである。

日本書記と大物主神

また『日本書紀』には、いっそうくわしく書かれている。大己貴神が出雲で、少彦名神と協力してこの国土をご経営になられたが、終始協力者であった少彦名神が、とつぜん亡くなられたので、大己貴神は一時茫然としてなすところもなく、これから先のご経営について大変心配をなされ嘆き悲しんでおられたところ、たちまち海の向うから怪しい光が海原を照らしてやってくるのを発見された。

時にその光から声がかかって、「もし吾あらずば、汝いかにして能くこの国を平らげまし。吾あるによりての故に、汝その大造之《おおよそ の》績《いたわり》（天下経営の功績）を建つることを得たり」と申された。大己貴神はおどろいて「あなたはどなたですか」とたずねると「吾はこれ汝が幸魂《さきみたま》・奇魂《くしみたま》なり」と仰せられた。

今度は大己貴神が「汝はこれ吾が幸魂《さきみたま》・奇魂《くしみたま》なりけりと知りぬ。今何処に住まむと欲《おも》ふや」と問いただすと「吾は日本国《やまとの》の三諸山に住まむと欲ふ」と答えられたので、「すなわち宮を彼処に営《つく》りて、就きて居《ま》しまさしむ、此れ大三輪の神なり」と記されている。つまり出雲をいで立たせられ、三諸山に処を得させ給うた、と拝するのである。

さらに、もう一つ重要な資料がある。それは「出雲国造神賀詞《いづものくにのみやつこかむよごと》」である。

この始まりはそうとう古い時代に発するが、記録は醍醐天皇の延長五年（九二七）に撰進された「延喜式」巻八の祝詞篇の中に収載されて残っている。

出雲国造神賀詞

出雲の国造が新任されると一年間潔斎の後、いろいろの献上品を持って宮中に参内し、天皇の御寿命の長久と御代の弥栄をお祝い申上げる詞である。その大要は、

「今日の吉日に出雲の国造が、天皇の大御代を長久なれと神に祈り且つお祝い申上げます。そ

のためには、祖神であらせられます櫛御食野命《くしみけぬ》、また国づくりをなされた大穴持命《おおなもち》の二柱の神をはじめ、出雲国内の百八十八社の神々を斎屋において一年間お祭を奉仕し、その上、つくりました種々の神宝を捧げて、今日一年間仕え竟えました神聖な御報告とお祝いに参上いたしました。

天孫降臨に先立ちまして、出雲臣《いずものおみ》等の遠祖であります天穂比命をこの国土へまずお遣わしになり状況をお調べになった時、この国は色々の神がはびこり騒然としておりましたので、この事を御報告すると共に改めて吾が子、天夷鳥命《あめのひなとりのみこと》に布都怒志《ふつぬしの》命をつけて差遣わし、暴威を振るっていた神どもを帰服させ、国づくりをなされた大穴持命と交渉をして、平穏裡にこの国の政事を皇孫にお譲りすることに成功させました。

その時に、国づくりをなさっておられた大穴持神が申されるには、

皇御孫命《すめみまのみこと》の静《しづ》まり坐《ま》さむ大倭《おほやまと》の国《くに》と申《まを》して己《おのれ》命《みこと》の和魂《にぎみたま》を八咫鏡《やたのかがみ》に取《と》り託《つ》けて倭大物《やまとのおほもの》主櫛𤭖玉命《ぬしくしみかたまのみこと》と御名《みな》を称《たた》へて大御和《おほみわ》の神奈備《かむなび》に坐《ま》せ、己《おのれ》命《みこと》の御子《みこ》、阿遅須伎高孫根命《あぢすきたかひこねのみこと》の御《み》魂《たま》を葛木《かつらき》の鴨《かも》の神奈備《かむなび》に坐《ま》せ、事代主《ことしろぬしの》命《みこと》の御魂《みたま》を宇奈提《うなで》に坐《ま》せ、賀夜奈流美命《かやなるみのみこと》の御魂《みたま》を飛鳥《あすか》の神奈備《かむなび》に坐《ま》せて皇御孫《すめみまの》命《みこと》の近《ちか》き守神《まもりがみ》と貢《たてまつ》り置《お》きて八百丹杵築宮《やほにきつきのみや》の静《しづ》まり坐《ま》しき。

是《ここ》に親神魯伎神魯美命《むつかむろぎかむろみのみこと》の宣《のりたま》はく、汝《いまし》、天穂比命《あめのほひのみこと》は天皇命《すめらみこと》の手長《たなが》の大御世《おほみよ》を堅石《かきは》に常石《ときは》に伊波《いは》ひ奉《まつ》り、伊賀志《いかし》の御世《みよ》に幸《さき》はへ奉《まつ》れと仰《おほ》せ賜《たま》ひし次《つぎて》の随《まにま》に供斎《いはひこと》仕《つか》へ奉《まつ》りて朝日《あさひ》の豊《とよ》栄登《さかのぼり》に神《かみ》の礼白《いやじり》、臣《おみ》の礼白《いやじり》と御禱《みほぎ》の神宝《かむだから》献《たてまつ》らくと奏《まを》す。(下略)

つまり、大和は天皇の都せらるべきところであるからと申されて、御自身の和魂《にぎみたま》を八咫《やた》の鏡にとりつけて御神体となされ、その和魂を大三輪の神奈備（現在の大神神社）に鎮められ、また御自身の御子である阿遅須伎高孫根命の御魂を葛城の鴨の神奈備に、同じく事代主命の御魂を雲梯《うなで》に、同じく賀夜奈流美命の御魂を飛鳥の神奈備に鎮まらせられ、御自身は出雲の杵築の宮（現在の出雲大社）に鎮まられた。皇祖二神の神勅として、汝、天穂比命は天皇の大御世を磐石のごとく永久に変らぬようお祝いし、御世の栄えるよう仕え奉れとの御命令にしたがい、この一年間の斎《いわ》いごとを無事につとめ、今日、神の奉られる礼物、臣たる私の奉る礼物として、神聖な神宝を献りますというのである。

この中で大穴持命が申されたという詞の初めの方が、当社起源のもっとも重大な意義があるところである。それは、大国主命（大穴持命）の国土献上——国譲りの条件なのである。

三つの記録の比較

さて以上の三つ（記・紀・神賀詞）を比較してみると、

『古事記』では「倭之青垣東山上にいつき奉れ。此は御諸山上に坐す神なり」

『日本書紀』では「吾は日本国之三諸山に住まむと欲ふ。故、即ち宮を彼処に営み就いて居らしむ。此れ大三輪之神なり」

『出雲国造神賀詞』では「皇御孫命の静まり坐さむ大倭の国と申して、己命の和魂を八咫鏡に取り託けて倭大物主櫛𤭖玉命と御名を称へて大御和の神奈備に坐せ」

となっているが、鎮まられたところは、まぎれもなく大神神社であり、こちらの三輪山を指している。

つぎに、大神の御出現の時の御神名であるが『古事記』には「吾」としか出ていないが『日本書紀』では、大己貴神の幸魂・奇魂となっており、『出雲国造神賀詞』では、大穴持命の和魂になっている。

大国主神と大穴持神（大己貴命）は同神であるが、神賀詞では倭大物主櫛𤭖玉命と御名を称えており、けっきょく三神とも同一神である。

和魂――幸魂・奇魂論

霊魂について次田潤氏はつぎのようにいっている。上代人は霊魂を二元的に考え、つまり「和魂《にぎみたま》」と「荒魂《あらみたま》」の二つからなるものと考え、「和魂」は、生命を守り幸せにするはたらきの「幸魂」と、霊妙不可思議な霊的作用をする「奇魂《くしみたま》」とからなっており、この二つによってはじめて「和魂」のはたらきが綜合成立するのであり、これに対して「荒魂」は、文字通り進取的な動的作用をもつものであると。

本居宣長翁の古事記伝には、「さて幸魂・奇魂は共に和魂の名にて、幸《さき》・奇《くし》はその徳用《はたらき》をいふなり。二魂《ふたみたま》には非ず。幸魂を荒魂とし、奇魂を和魂とするは非なり、其の故は、もし二つの魂ならば二神とあらはれたまふべきに、今現はれたまふ神は一柱なり。また出雲国造神賀詞にも、倭の大美和に祀るは此の神の和魂とこそ見えたれ、さて幸魂とは私記に是れ左支久阿良之牟留《さきくあらしむる》魂也と言って字の如く、其の身を守りて幸あらする故の名なり。書紀神功の巻に和魂服㆓王身㆒而守㆓寿命㆒とある、是れ其の意なり。これにても幸魂といふも和魂の徳用《はたらき》なることをさとれ。奇魂も書紀に此云㆓

神楽　奇魂の舞

倶斯美施摩《くしみたま》とあり、字の如くにて奇霊徳《くすしき》を以て万の事を知識《しり》弁別《わきまへ》て種々の事業《ことわざ》を成さしむる故の名なり」と詳述されている。

霊魂観

なお、霊魂観念について次田潤氏は、

霊魂が肉体に宿っている間はその人は生きており、霊魂が肉体を離れてふたたびかえってこないことが死である。「かむあがり」「かむさる」は霊魂を神とみて昇天することをいうのである。霊魂はまことに霊妙そのものであるとするところに霊魂崇拝が生れ、死した人間の霊は子孫をつねに守っているとするところに祖先崇拝がおこる。したがって神に奉仕するのも、生ける人に仕えるのと同じ態度でその儀式も行なわれるのである。

しかし夢の中で自分を見たり、夢に神のお告げをきくことなどからして、時には人間の肉体から霊魂が遊離することがあるという観念が起るのである。この考え方から、大国主命が無我の中に、己が幸魂・奇魂と問答をされることも肯定されるのであるといっておられる。

また筧克彦博士は、大神御出自の段の奇幸観をこう説明されている「吾は汝の奇魂・幸魂なり」すなわち汝の和魂なりという答えである。和魂は奇幸両魂を統べる名称である。したがって大国主神が置き忘れておられたその和魂が、大国主神を諭《さと》されたものである。そこで大国主神が戒めの通り、御自らの和魂を三輪山にお祀りになったことは、重大な意義をもつのである。

奇幸観

はじめ、大国主命はほとんど自分の和魂を打ち捨て、荒魂を主として国作りをなされており、外部の力、すなわち少彦名神が力を協せ心を一つにして働らかれたそのお力を信じ頼っておられたのが、和魂の垂示となったのである。御自身の和魂ながら「我が内に在り、仍ってお祀りするに及ばぬ」とは仰せにならず、その和魂を御自分以外に超越せしめて、大和国三諸山におまつりになったことは、信仰の実修上のみならず、哲理上も大いに意味あることである。

だいたい各人の心の根本は決して自分だけにあるものでなく、人間各個に通ずる普き一心同体の根本である。眼を閉じれば自己の中にあり、眼を開かば銘々を超越せるところに存在するものである。和魂はこちらが有難く、懐しみ思えば相手もまた同じ境地になり得るもの、自分と他人を結合するもの、換言すれば自分の一人の魂ならば和魂ではない。和魂とは、自他に拘泥せぬ各自の魂であり、かつ各自を超越せる魂であると、こういう意味のことを筧博士は御進講書「神ながらの道」に述べておられる。

こう申してくると、大国主神・大穴持命（大己貴神）とは御同神でありながらも、大物主神が当初から、その神の霊魂として一段高く御名を称《たた》えられていることがわかるのである。

御神名考

それでは和魂と仰ぎ斎《いわ》いまつられた三輪山に坐《いま》す大神、すなわち倭大物主櫛𤭖魂命の御名は、どういう意味をもたれるのであろうか、

「倭」はもちろん、大和の国をいうのである。ヤマトが日本国全体を指す呼称となったのは後のことである。

「大物主」というのは、『日本書紀』では「大物主神」の御神名は、大国主神、国作大己貴命、葦原醜男《しこおの》神、八千矛《やちほこ》神、大国玉神、顕《うつし》国玉神と同神であるとされているが、『古事記』ではずいぶん代が降って、神武天皇の皇后と成られた比売多多良伊須気余理比売《ひめたたらいすけよりひめ》が、神の御子として出生されたことを記す条に、はじめて「美和の大物主神」の御神名が記載され、つぎに第十代崇神天皇の御代、全国に疫病が流行し、人民多く死に尽《つく》さんとまでした時、天皇の御夢に現われた神が、この「大物主神」であり、神裔意富多多泥古命《おほたたねこのみこと》を神主として「御諸山に意富美和之大神《おほみわのおおかみ》の御前をいつきまつり給ひき」と見えているのである。

『日本書紀』の方を見ると、先述の通り、大己貴命と御同神と出ているほかには、国譲りの時になって「是《こ》の時《とき》に帰順《まつろひ》し首渠《ひとこのかみ》、大物主神及び事代主神……」といい、崇神天皇紀に「我は是れ倭《やまと》の国の域《さかひ》の内に居る神、名を大物主神といふ」とある。

ふたたび『古事記伝』によると、

「大物主神、書紀崇神の巻に於朋望能農之《おほものぬし》とあり。此神は大穴牟遅神《おおなむちのかみ》の和魂に坐して美和に

拝祭《いつきまつ》る神なり。出雲国造神賀詞を以てしるべし抑も此の大物主と申す御名は、右の詞の如く、美和に鎮坐す御魂の御名にして大穴牟遅命の一名にはあらず。倭大物主とあるにてもしるべし、須佐之男命の出雲の熊野に拝祭《いつき》る御名を櫛御気野命《くしみけぬのみこと》と申し、建御雷神《たけみかづちのかみ》の下総の香取に拝祭る御名を斎主《いはひぬしの》命と申すたぐひにて美和に限れる御名なり。故、上巻に大穴牟遅神の亦名ども（大国主神・葦原色許男神・八千矛神・宇都志国玉神）を挙げたる処には此の御名は出さず、大方古書皆この御名は美和にのみ申せるをや」

といい、さらにつづけて、

「さて此の御名の義はまづ書紀の一書に『このときに帰順《まつろ》へる首渠者、大物主神及び事代主神すなわち八十万神を天高市《あめのたけち》につどへ帥《ひき》ゐて以て天に昇りて、其の誠欵《まこと》の至を陳《まを》す。時に高皇産霊尊、大物主神に勅《みことのり》したまはく、汝若し国神《くにつかみ》を以て妻《め》とせば、吾猶ほ汝を疏《うと》き心有りと謂《おも》はむ。故今吾が女《むすめ》、三穂津姫《みほつひめ》を以て汝に配《あは》せて妻と為む。宜しく八十万神を領《ひき》ゐて、永《ひたぶる》に皇孫の為に護り奉れ』と。つらつら此段を考ふるに此神の御名、初めには大己貴神とのみありて、今帰順《まつろ》へる処に至て名をかえてかく大物主神とあるは、即ち此の時に高御産霊命の賜へる御名なるべし」

と述べ、そのあと、記伝では、神代の記事には神々の現身《うつしみみ》の事と御霊《みたま》のことを区別なく語り伝えたものだから紛《まぎ》らわしいことが多く、ここでの大物主神・事代主神は、その御霊を指しているのであると解釈されている。

前にもどり御神名の意味を記伝によってうかがうと、

「物主」とは八十万神の首《ひとこのかみ》として皇孫命を護り奉るを以て神之主人《かみのうし》と云ふが如し。凡て「物」といふ称は万《よろづ》にひろくわたる中に人を指して云ふこと多し。たとへば此の人の、彼の人を此のもの、彼のものといふ類なり。これも然なり。そは神は神代の人なる故に彼八十万神を指して物とは云へり。次に「主」は之大人《のうし》のつづまりたるなり。「大」は例の美称なり。かくて此の御名は、此の神の現御身《うつしみみ》は八十坰手《やそくまで》に隠り坐して、御霊《みたま》の此国には留まりて御護神となり給ふ方の御名なるが故に、現御身《うつしみみ》の一名《またのみな》には非《あら》ずて大美和に拝祭《いつきまつ》る御名とはなれるなり。

山田孝雄博士はこれをうけて、つぎのようにいわれております。

「この事は美和に祭る和魂の御名に限りてのことと思われるが、その御名は神の首領域は神霊界の支配者という意味であろう」

つぎに「櫛瓺玉命」の意味は「櫛」は奇《く》しき神の霊力をたたえたことばであり、「瓺」は酒の器を云う詞であるが、古事記伝でも解かれているように「ミカ」は「イカ」に通じ「厳《いか》しき」であろうと思われ、「奇魂」の御名をいっそう称えた意味が含まれてのことと考えられる。

しかし座田司氏氏は、「物」については宣長説を肯定しながらも、ほかにやはり「モノ」は悪霊とは雑霊とかいわれる精霊を支配する主、もっともこれには人間の怨霊、物の気《け》なども含まれるが、疫神その他善悪にかかわらず一切の精霊を総括して「モノ」と解する説と、二様あるといっておられる。

いま私はこれらの諸説を紹介しながらも、結論として、古代には神も人も、その名は御神徳、功績を表わすものであるから、「倭大物主櫛𤭖玉命」の御名こそは、尊い和魂をたたえた御名と信じるものである。

関連する諸説

山田孝雄博士は「出雲国造神画詞」の研究の中で、「和魂」を大美和にまつられることは、記、紀によれば国作りの大業の最後、大成の際のことであり、神賀詞では国譲りをなされた時となっている。記・紀の記載は神賀詞に述べる国譲りの時点よりも以前のことのはずであるが、これはどういう意味を含むものであろうか。『古事記』『日本書紀』のように、国譲り以前に、すでに和魂がまつられ大美和の神奈備が営まれていたとすると、帰順後に、それが皇孫命の守護神となられたのを神賀詞がこのようにとりなして申したのだろうか、という疑問と、もうひとつの考え方は、神賀詞で申されているように、皇孫命の近き守神として大美和の神奈備が営まれたのを、その神が和魂であらせらえるので、その和魂の現われ給うことの伝えを、ただちにこの大美和の神奈備の起源のように伝えたものであろうかと、その前後のずれについて考察の一端を発表されている。

つぎに池田源太博士は、イギリスの外交官で日本研究家のウイリアム＝ジョージ＝アストン氏（一八四一―一九一一）の奇幸の論文について社報「大美和」第三十九号に紹介されている。

アストン氏の「日本紀」によれば、幸魂を「保護精霊」guardian spirit であり、「不思議な魂」wondrous spirit であると訳している。同博士はこれについて、アストン氏は大かた『古事記伝』

の説を採っているようである。奇魂を不思議な精霊と訳したのは、ただ文字通り訳出したのであるが、幸魂をもって保護精霊と見た点、『古事記伝』に「さて幸魂（書紀に此ヲ佐枳弥多摩ト云フと有り）とは私記に、是レ左支久阿良之無留魂也といって字の如く、その身を守りて幸あらしむる故の名なり」とするのを採用したものと一応は考えられるが、アストン氏が「保護精霊」と訳出したについては、すでにタイラーやフレィザーなどが人類学的立場で用いたものによったと考えざるを得ないのである。

タイラーや、未開タスアニア人の間では、父の霊魂は死後、その子供の面倒を見ると考えられており、北米インディアンの若い戦士たちは、断食して修行するが、修行中、夢中に一つの保護精霊を見るまで断食をつづける。これは古代ローマ人のゲニウスと同じようなものであろう。ゲニウスは、子供と同時に生れ、生涯その伴侶であり、また保護者であった。アウガスタスのゲニウスは、祈禱を捧げられ、犠牲を供せられたりするようなものであった。

さらにアストン氏は、その著『神道』において「ミタマ」の問題と取り組んでおり「ミタマ」は英語のスピリットという言葉がもっとも近い同義語であり、神道における荒魂・和魂の考えを唯心論《スピリテイズム》の名であらわし、この著では三輪の幸魂を「保護精霊」と訳さないで「幸運の精霊」Spirit of good luck と訳している、と紹介されている。

また大物主神の御出自について、高階成章氏は次のように述べられている。

出雲に発した大己貴神の幸魂・奇魂が、大和の三輪山に鎮まり、皇室の守護神となられたとする伝と、もうひとつは、十代崇神天皇の最高指導神となられたとする伝とがあるが、大物主神は、最初から三輪山に出現された神霊であると考えるのである。観念としての大物主神は、物語りの主人公として、人格的に他の神々との関係をもって、神代という概念の世界で物語られるが、現実の信仰の対象としての大物主神は、三輪山を中心とした祭祀形態の中で発生した神霊である。（中略）出雲には大物主信仰の発生した具体的な宗教環境というものはなんら見当らぬばかりか、歴史的に見て、大物主神は終始三輪山を中心とする大神信仰という条件の備わった典型的な自然環境で発生もすれば成長もしているのである。出雲から大和へというのは話の順序がそうなっているのであって、実際には逆に最初から三輪山に発現した神霊の作用が大きく、天照大神と相対応するまでに強大となった神威が、大和朝廷に相対する出雲という別の世界の主宰神たる大己貴神と習合したと見るのが穏当のように思う。大物主神は神代巻の表現にも、自らの意思によって三輪山にまつられることを発せられたり、八十万神を領して、皇室の守護に任《ま》けられるなどという伝承材料に、かえって三輪山の本源神としての普遍化された信仰の実態をうかがい知ることができるのである、と。

さらに座田司氏氏は、こういっておられる。

大物主神と大国主神

大物主神は、出雲の大国主神すなわち大己貴神とは全く別神であると見られる。それが同一神であるとの思考は、高天原族と出雲族との融和混合が行なわれて間もない時代の所産であったのではなかろうか。その理由とするところは、記紀の古伝説には大物主神と大己貴神とは少しも混同されていないのである。ただ次の日本書紀巻一に、三輪の神が「吾れは是れ汝が幸魂奇魂なり」といわれ、大己貴神がこれを承認されたという伝承と、同書巻二、天孫降臨の段の第二の一書に、

是の時に帰順ふ首渠者大物主神及び事代主神、乃ち八十万神を天の高市にあつめ、帥ゐて天に昇りて其の誠欵の至れることを陳す。時に高皇産霊尊大物主神に勅すらく、云々

とある伝説とによってのみ関係付けられているのである。元来三輪の大物主神は、倭の国にその根拠を据え、主として大和地方の国造りをされていたのである。さればこそその神名の上にとくに倭なる詞が冠せられているのである。その御神業がほとんど同様であるという点にのみ重点をおいて、出雲族と高天原族との融和を図る上に、この神を大国主神と同一神であるとするのが、もっとも適当であるとの観念から、その伝承の上に混同を生ぜしめ、遂には大己貴神の幸魂、奇魂が大物主神であるという結論に到達せしめたのであろう。

本居宣長もこの点に関しては早くから疑問を挾んでいたらしいが、古典を忠実に解釈しようとする建前上、それを発表するにあたってきわめて慎重な態度をとり『古事記伝』巻二十、神武天皇の段において、

「さてこの御名の義は、まず書紀の一書「(前略)高産霊尊勅二大物主神一、汝宜下領二八十万神一、永為中皇孫奉護《まつろ》上」とある、つらつら此段を考ふるに、此神の御名、初めには大己貴神とのみありて、今帰順へる処にいたって、かく大物主神とあるのは、すなわち此の一段は、事の趣まぎ

らはしき故に、古来くさぐさ解誤れることなり。よくせずばまがひぬべし」と記し、これについて「己れ別に委き考へあり」と述べて、このように、大己貴命と大物主神と別の名義の存するのは、現身と御霊との区別によるのであるとして、他をいわず、その説明を避けている。

ともかく、このように、ここに大己貴命と大物主神が同一神であって、しかも大物主神とは大己貴神の幸魂、奇魂に対する尊号であるということに落ちつくと同時に、これらの地方に古く居住していた出雲族の一部貴族と出雲本国との関係を一層密接ならしめたのである、と述べている。

また、田中卓博士は住吉大社史の中で、こう述べられている。

「元来、オホナムチの神の本拠は、大和のミワ山であり、奉斎者はミワ氏であろう。天のホヒの命がオホナムチの神に媚《こ》びついたといふのは、イヅモ氏がミワ氏と結合し、婚姻関係に入ったことを指すのであろうが、かくしてオホナムチの神を奉ずるに至ったイヅモ氏は、中央に志をえないままに、大和を去り、おそらくは山城国の出雲郷、丹波国の出雲神社あたりを経路として、山陰にすすみ、しだいに出雲国へと進出したものと思われる。この大和よりの氏族移住が、どの程度の年月を要したかは未詳であるが、いずれにしても崇神天皇の御代より以前であることは疑いない。そして、元来の出雲国においては、国引きの説話で有名なオミツヌの神（を中心とする氏族）の勢力が存したのにたいし、イヅモ氏はそれを平定あるいは帰順せしめて、いわれる所造天下大神としてのオホナムチの命の勢力を拡大したのであろう。やがて崇神・垂仁天皇の御代における出雲神宝の検校は、このイヅモ勢力にたいするヤマト朝廷の追求であり、イヅモの国譲りは、ここにおいて完遂する。

検校に際し、崇神天皇が、〝武日照命の天より将来せる神宝、出雲大神宮に蔵む。これを見ま欲し。〟と詔せられたという神宝は、おそらくニギハヤヒの命が長髄彦をして神武天皇にお見せしたといふ天羽羽矢・歩靫と同じ性質の、天神系の象徴であったろう。私見では、いわゆるイヅモ族を、従来のように、出雲地方の土着勢力とみないのはもとより、たんにオホナムチ神系氏族（ミワ氏族）とみなすのも不十分と考え、むしろ、天神系の天のホヒの命系氏族（イヅモ氏族）と地祇系のオホナムチ神系氏族との連合勢力として、これを理解しようとするのである。この古代氏族の連合といふ二重性格が神代史に反映して、一般の理解をかなり複雑にしているように思われるが、この点に留意して考究すれば、解けるべき疑問も少くないのである」

といわれている。

八　三輪信仰と三輪明神

律令以前の大神神社

さて記紀の語る大神神社についてては、ずいぶん多くの人々が詳述しているが、その後、とくに律令《りつりょう》時代に入ってからは、どんな扱いを受け、どんな経過をたどってきたかを探求してみる必要があろう。

崇神天皇以来、官祭の礼を受けている大神神社は、奈良時代を経ていっそう高められている。順序としては、やはりふたたび律令以前から説き起さなければならない。

すでに記述したように、崇神朝における内政の重大危機にあっては、三輪の大神のご神意にそい、ようやく平穏裡に収拾されたが、同じ御代に定められた天社《あまつやしろ》・国社《くにつやしろ》の制には、当社も当然列せられ、神戸・神地もあてられたにちがいない。ついで神功皇后の代には、急に海外とくに朝鮮・中国の関係が生じ、外政においてたびたび大事に直面せざるを得なくなった。三輪大神の関係されたのは、神功皇后の三韓出征に際し、軍卒の集まらぬため、摂政九年、大三輪の神を筑紫に勧請され、これに祈請されたところ、たちまち兵みずから集まると書かれていることである。

二の鳥居から参道へ

また天平九年（七三七）夏四月、新羅《しらぎ》の無礼にたいし、和戦両議が騒然たる時にも、幣《みてぐら》を奉りその状《さま》を奉告されている。すなわち

使を伊勢神宮、大神社《おおみわのやしろ》、筑紫住吉、八幡二社及び香椎宮に遣はし、幣を奉り以て新羅無礼の状を告ぐ。

と『続日本紀』が伝えているように、かくかくたるご神威のほどが拝される。

また雄略天皇十四年三月紀には、呉の国より来朝した衣《きぬ》縫《ぬひの》兄媛《えひめ》を大三輪の神に奉っている記載があるが、呉の縫工女がとくに大三輪の神に奉られたことは、当時としては最高の殊遇と推測される。

このように三輪の神の、対外的なご神威が高まった理由とみられるのは、やはり「崇神紀」の七年にいう、

大物主神と名のりて曰く、天皇、また国の治らざることをな愁へましそ。これ吾が意《みこころ》ぞ。若し吾が児、大田田根子を以て吾を祭らしめたまはば、立ちどころに平ぎなむ。亦海外の国ありて、自ら帰伏《まいしたが》ひなむと。

の記載にさかのぼっていることがうなずかれるのである。

また一面において農耕神としての崇敬も篤く、『三代実録』には、貞観元年（八五九）九月、使を遣わし奉幣が行なわれ、風雨を祈り、貞観九年十一月にも五穀豊穣報賽の奉幣が行なわれている。そして「延喜式」にも祈雨神として、全国八五座の中に列し、貞観一八年四月乙卯と元慶四年（八八〇）四月辛卯の大神祭には、神事のため、宮中での灌仏の儀を停止せられているほどである。

また神階も嘉祥三年（八五〇）正三位、仁寿二年（八五二）従二位、貞観元年（八五九）には従一位にのぼり同年更に正一位が贈られている。そして国司の奉幣次第による一の宮、二の宮の制においても、大和国一の宮に列せられている。

律令時代の大神神社

さて律令時代の大神神社はどうであっただろうか。今日伝えられる令というのは、養老二年（七一八）に撰修せられたいわゆる「養老令」であるが、これは後の天長十年（八三三）になって、官撰せられた『令義解《りようのぎげ》』が出来、その形で今日に伝存しているものである。「その神祇令」の第一条に、

「凡そ天神地祇は、神祇官、皆常の典に依りて祭れ」

とあり、この天神地祇を説明して、天神とは伊勢、山城の鴨、摂津の佳吉、出雲の国造《くにのみやつこ》の斎《いつ》く神等の類是なり、地祇とは大神、大倭、葛木の鴨、出雲の大汝神《おおなむちのかみ》等の類これなり、と書かれている。天神とはいうまでもなく高天原系統の神々であり、地祇とは葦原中つ国に早くからおられた神々ということで、大神《おおみわ》の神は国津神の代表的な存在であった。

延喜式の神名帳《じんみようちよう》には全国三、一三二座（二、八六一所）の神社が、国家の祭祀を受ける有資格

社として列記されているが、大神《おおみわ》神社は、大神大物主神社、名神《みょうじん》大、月次《つきなみ》・相嘗《あいなえ》・新嘗《にいなえ》と書かれている。名神大は最高級の名神大社に列せられていることを示し、月次・相嘗・新嘗の諸祭典には官幣にあずかる社、すなわち官幣の大社であるというわけである。その中でも相嘗祭というのは、格式の高い大社のみ対象にされている。

幣物の量

大和の神社は、いずれも歴史が古く由緒の正しい大社が多く、該当の神社も十六社を数えるが、なかでも幣物《へいもつ》の量は大神神社を最高としている。参考のため匹敵する名神大社の大和社三座分と比較して見よう（かっこの中が大和社）。

大神《おおみわ》社　一座（大和《おおやまと》社　三座）

絹三疋（六疋）絲三絇四銖（八絇四銖）調布六端八尺（十二端一丈六尺）庸布一段一丈四尺（三段二尺）木綿四斤二両（八斤四両）鰒一斤五両（二斤）堅魚五斤（九斤四両）与理刀魚三斗（なし）塩一斗（二斗）鱐魚六斤十両（十九斤十四両）海藻・凝海藻各六斤十両（十三斤四両）筥二合（三合）𤭯、缶、水瓮、山都婆波、小都婆波、筥𤭯、酒垂、匜、等呂須岐、高盤、片盤、小杯、短女杯、筥杯・陶臼各二口（各四口）、酒稲二百束税神税（二百束税神税）

「神祇令」や「延喜式」のほかに記録をもとめるならば、『類聚三代格』、弘仁十二年（八二一）正月四日大和国に下した太政官符に「部内名神其社数有り、農の為に歳を禱り、或は旱の為に雨を祈り、災害を排するに徴応あり、たとえば大和、大神、広瀬、竜田、賀茂、穴師等の大神是なり」と六大社の中にも出ている。

つぎに「正倉院文書」にある大倭国正税帳（天平二年、七三〇）には、大和国内の神祭雑用にあてる大社の租稲について記載されているが、大神神社にかぎって神田一町八反、種稲三六束、祝部三人食料二八四束四把が特別に附記されている。また全国神社の封戸《ふこ》数が『新抄格勅符抄』の大同元年（八〇六）牒につぎのように記されている。

大神神　百六十戸

大和四十五戸　摂津二十五戸　遠江十戸　美濃五十戸　長門三十戸

と出ている。大神神社の所有数は、全国大社の中の五番目になる。

神祇令の官祭

つぎに神祇令に規定される官祭について見ると、一般的な奉幣の行なわれる祭祀を除き、他社に見られない特別の祭として、伊勢神宮の神衣祭、神嘗祭、広瀬神社及び竜田神社でとり行なわれる大忌祭、風鎮祭のほかに、大神神社と（摂社）狭井神社の鎮花祭、（摂社）率川《いざがわ》神社の三枝祭《さいくさ》があげられている。この鎮花祭、三枝祭については別項にて紹介したので省略するが、『類聚三代格』にある延暦二十年（八〇一）五月十四日の太政官符に鎮花祭・三枝祭を「闕怠」すれば、中祓を課すと規定しているほどで、国家の重要祀典なることがわかる。

このように皇室と特別な関係をもつ諸大社の間にあって、その地位を保ってきた大神神社の背景にはいろいろな要素が陰に陽に働いていたであろうが、日本のもっとも古い時代に、日本の中心であった大和にあってもっとも古い民族神であり、神の中の大神と敬慕されたご神威によるところに他ならないと思うのである。

三輪の神宮寺

ところで仏教が日本に渡来したのは三輪の里、海石榴市《つばいち》であるといわれる。その後皇室の保護を受けるようになり、しだいに仏教側の考え方が在来の日本神道に便乗する形で、本地垂迹《ほんちすいじゃく》の思想が伝播され、仏が本地で日本の神々はいずれも垂迹であるとされるようになった。つまり、本来の仏が日本では神の姿をかりて現われたという考え方が起り、神前でお経があげられたりしはじめ、奈良朝には早くも全国有力神社につぎつぎと神宮寺が創建され、なかでも若狭比古神宮寺、松浦神宮寺、鹿島神宮寺、住吉神宮寺、多度神宮寺、宇佐八幡比売神宮寺、伊勢神宮寺などは有名である。

わが大神神社もまた、大和の国における最有力神社として、とうぜん神宮寺が建てられた。当社社蔵になる古絵図中、一番古い室町末期の曼荼羅《まんだら》を見ても、明治初年の神仏分離になるまで仏教色のさかんであったことがうかがわれ、現在の大神神社拝殿を中心にして、西やや北寄りに大御輪寺があった。三重塔や本堂、庫裡、鎮守社などの伽藍形式が整っており、また本社の南には大きく平等寺が描かれ、医王院、不動堂、愛染堂、鐘楼や鎮守社が出ている。

そのほかにも、本社の西やや南寄りに、大御輪寺の管轄になる尼寺の浄願寺があった。

大御輪寺

大御輪寺は、奈良朝時代の創建の頃は「大神寺《おおみわ》」とよばれていたことは、福山敏男博士によって紹介されている。すなわち、宝亀元年（七七〇年）に亡くなっている文室真人浄三が「大神寺」において六波羅密教を講じている記録がある。また鎌倉期に入って西大寺の叡尊が、寺号を大御輪寺と改める以前の、古い仏像が伝わっていたことなどでも立証出来るし、その上火災に遭《あ》ったと見られる奈良朝時代の古瓦の出土などによっても「大神寺」が早くから存在したことが説明されている。

大神寺は、垂仁朝に創祀されたといわれる若宮社（現在の摂社大直禰子《おおたたねこ》神社）に接して建てられ、聖徳太子の開山であるとも伝えられ、その後は、鑑真《がんじん》和上が律宗とし、叡尊が西大寺末寺としたと、鎌倉時代になってようやくはっきりしてくる。弘安八年（一二八五）十月に、叡尊が塔供養を行ない、管理するようになっているので叡尊を中興開山としている。おそらくは寺が衰微していたので叡尊がたびたび三輪大明神に参籠し、敵国降伏（蒙古襲来）の祈願をこめる中に大神寺を修復し、寺号を「大御輪寺」と改めたのであろう。

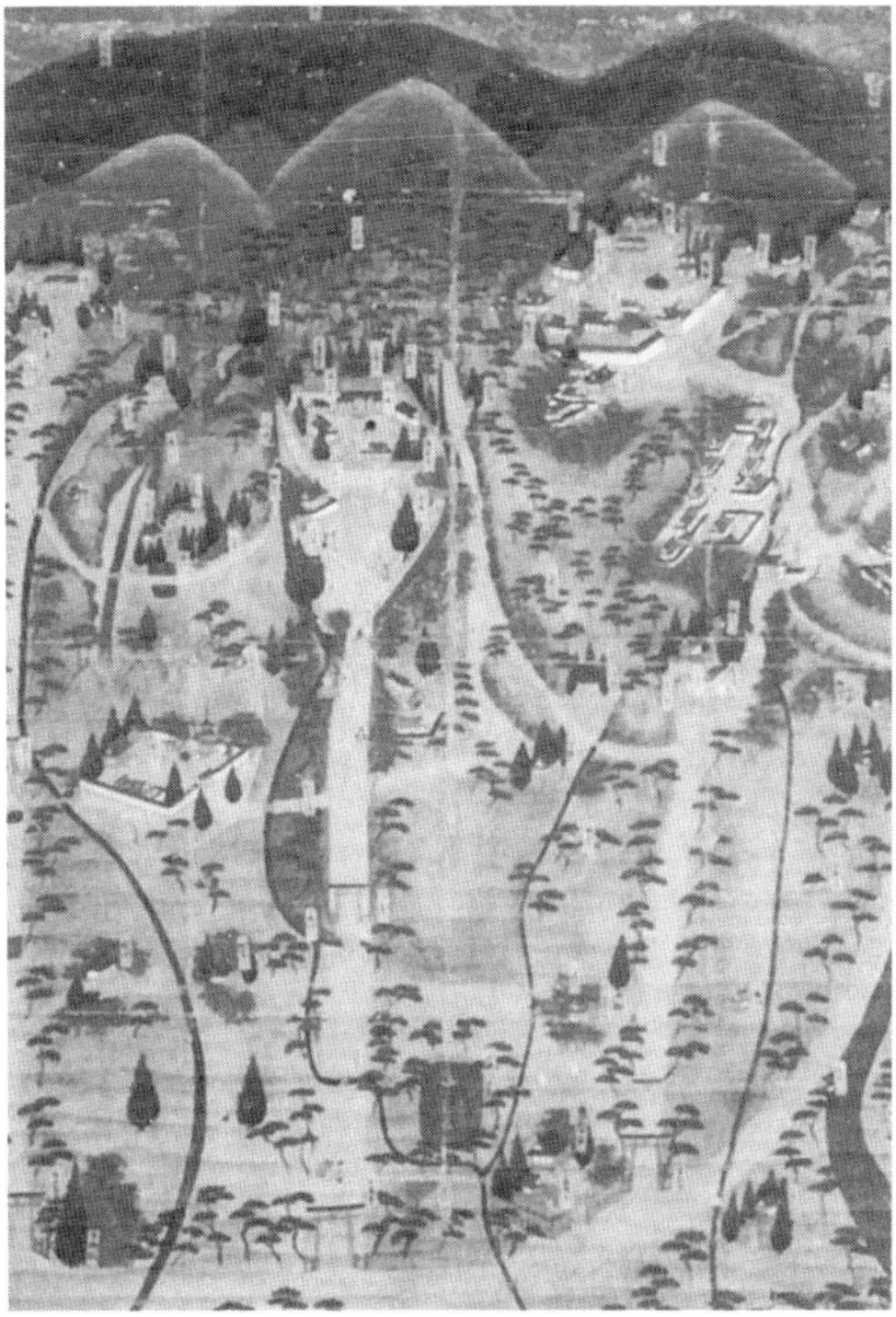
三輪山絵図

三輪寺

「大御輪寺」は明治維新の神仏分離までつづくことになるが、地元では「大御輪寺」とはいわず、たんに「三輪寺」とよび、また記録にもある。応永十九年（一四一一）の若宮社鳥衾瓦の刻銘に「三輪寺大工刑部允」とあり、文明十六年（一四八四）の瓦にも三輪寺塔椨葺と刻まれている。ちょうど三輪大明神をたんに「明神さん」とよんだり、大神《おおみわ》神社を「おおがみさん」と普通、簡単によびならわしているのと同様である。

明治の廃寺の際には、天平時代（八世紀）の逸品と米人フェノロサが称嘆した御本尊の十一面観音像は、桜井市聖林寺へ客仏として遷された。三重の塔もこわされたが、鎌倉時代の建築にかかる本堂は、現在若宮社本殿として残されており、これが大御輪寺の今日に見る姿である。

平等寺

天保三年（一八三二）の平等寺年預書上にも明記されているように、平等寺の境内は大御輪寺に比べてはるかに広大であった。南北三町、東西四町半余といわれ、開基を大御輪寺同様聖徳太子、中興開山を慶円としている。しかし聖徳太子をもって開基と伝えるのは、両寺ともにその草創を古くするため、権威づけるためのように思われる。

開山上人のお墓の存在や、開山御影堂が慶円の像を安置していることなどから推《お》して、鎌倉初期に慶円の開山と見るのが正しいといわれている。慶円は三輪上人とも称えられる名僧で、貞応二年（一二二三）八十四歳で入寂するまでもっぱら仏教興隆につとめ、その高徳を慕いあつまる同行者も多く、平等寺は三輪別所あるいは三輪別所堂とよばれたことが文書にのこっている。

慶円上人のことを知るには『続群書類従』に収載されている「三輪上人行状記」がもっとも信用される。これは慶円の弟子の栄範が貞応二年（一二二三）三月に書いたもので、これによると、はじめは現在の桜井市安倍に住み、のちに三輪の平等寺の場所に庵を結んだようである。これが三輪別所或は三輪別所堂とよばれる平等寺の初期の姿であり、当時、集まる同信の僧によって真言灌《しんごんかん》頂《じょう》をひろめる論議が行なわれたのであると、久保田収博士も推論されている。そして高野山蔵の加行《けぎょう》奥書に、

平等寺跡

元享元年辛酉（一三二一）十月一日　於㆓大和州大御輪寺㆒令㆓書写㆒了　回宗

正平二年（一三四七）閏正月十八日　於㆓城上郡三輪山平等寺別院㆒惣持院書写了　覚真

と記されていることなどから、大御輪寺とこの平等寺の間において、両部思想から三輪流神道が誕生するまでの学問的交流が行なわれていた、と見られている。

三輪流神道

三輪流神道というのは、天台宗、真言宗が日本人固有の思想基盤となっている神道に近づき、とくに行法を主にする密教のうち、天台密教（台密）は日吉と結んで山王《さんのう》神道を生み、真言密教は伊勢と結んで両部神道を生じた。この両部神道の中でも代表的なものが、御流神道と三輪流神道である。したがって御流と三輪は母体を同じうするとこ

ろから両者ともに相通ずるものが多く、ときには混同されることさえある。三輪流の教は慶円が三輪大明神より授けられ、これを承諾したともいわれる。

三輪流神道でもっとも古い文書は、三輪大明神縁起であるが、その奥書に文保二年（一三一八）十一月四日の夜、夢想に感じ、十二月二日、三輪霊神に参詣し、四日間参籠して「大御輪寺縁起」や「神宮口伝古記」などをたずね、肝要のところを記録したと書かれており、その教えとするものは、天照大神と三輪大明神は同体であり、天照大神は天金輪王光明遍照大日尊であるが、その意は天照尊であり、天は応身如来、照は報身如来、尊は法身如来をあらわし、三身一体である。すなわち本地である大日であるとし、垂迹は天上では天照、降臨の後は、大和国三輪山では大神《おおみわ》大明神、伊勢国神道山《かみぢやま》では皇太神である。地上での両神は三輪が本であり、三輪の御室山こそ仏名の三無漏であり、三部の功能をあらわすと説いている。

また近世になっては、『三輪流神道深秘鈔』に、

夫レ天ニテハ天照大神、天上ハ常寂光土ノ法身尊、三輪ハ実報土ノ報身尊、伊勢ハ蓮部ノ応身尊ニテ三ツ華表ノ中尊天照太神、根本所用ノ説ノ時ニハ金胎両部卜両部不二ノ大日如来ナルコト、委ハ縁起ニ見タリ、云々。

と書かれている。

こうして神仏習合の理論も整備発展するが、一面では密教の秘法がさかんとなり、不用意に秘法をもらすときは、九万八千雷電が汝の頭に破裂せん、ときびしく戒めて伝えられた。

高野山大学所蔵の神道三輪流大事二十四通を見ると、

神道鳥居大事　神道社参大事　神道宮遶大事　神道鰐口大事　神道獅子駒大事　神道御戸大事
神道神楽大事　神道除垢穢大事　神道手内祓大事　神道払切大事　神道御幣加持大事　神道垢離大事　神道注連大事　神道注連曳時大事　神道進酒大事　神道灌頂印信初重　神道印信二重
神道印信三重　神道灌頂光明灌頂印信　神道伊勢灌頂印信　神道伊勢二宗灌頂印信　神道伊勢行者一体印信

と内容が微細にわたって述べられ、なお相承のうちにはさらに細かに秘法があみ出され、民間の日常生活の中へかなり滲透していったものと思われる。したがって今日の三輪信仰――観光的な神社ではなく、あくまで信仰の社として尊ばれているのには、古来の大神信仰もさることながら、中世以降の神仏習合による仏教者の布教の力による所も大きいといわなければならない。

さて、この三輪流神道は、もともと三輪神宮寺であった大御輪寺において、かねて両部神道の思想が研究され、温存されていたところを素地として、平等寺において三輪流神道と打ち出されたのであろうという久保田博士の説に従いたい。

本来伊勢で形成された両部神道思想がいかにして三輪へ伝えられ、三輪流神道が発生したかについては、三輪と伊勢との関係をいえば、崇神朝に、天照大神の御霊と同床共殿を畏《かしこ》しとされた天皇の御意志に基き、倭笠縫邑《やまとかさぬいむら》にいつき祭ったいわゆる元伊勢こそ三輪山の麓、日原（檜原）であることにうかがわれ、日吉山王は三輪と同神である（三輪大明神縁起中に当所霊神と日吉山王同体の事がうたわれている）。日吉山王と伊勢の同体説から進んで三輪と伊勢も同体説が成立したので、一応これらが三輪流神道発生の要因と見られなくもないが、やはり伊勢詣《もう》でをたびたび行なった大御輪寺の叡尊上人がもたらしたものと思う。

叡尊は西大寺に伊勢神宮を勧請申上げているほどであるから、伊勢神宮への崇尊から、伊勢を中心とする神仏調和の思想がしだいに醸成されていたことが想像される。したがって三輪流神道は大御輪寺において、叡尊によって形成伝授されたと考えるむきもあるのである。

大御輪寺も、当初は大神神社の別当として一山の支配権をもっていたが、のちには平等寺が勢力を増大してこれに代ってから、おそらく室町中期よりは、大御輪寺はたんに若宮社別当に甘んじて来たもののようである。

大神神社と神宮寺

近畿一円にわたってお寺や庫裡《くり》の建築に当って、いまでも僧侶の方と檀信徒総代の方が大神神社に揃《そろ》ってご祈禱を受けに来られる。古い棟札はいずれも平等寺で出したものと話されるが、大御輪寺・平等寺はともに明治維新の神仏分離の時までは広大な伽藍形式を誇り、かつ民間信仰に根強く三輪信仰として生きていたのである。果たして一山を管理した別当職の権限は、神社にたいしてはどうであったろうか。

現在の拝殿は、寛文四年（一六六四）の再建のままであるが、そこには仏教色は見当らない。さらに享保十八年（一七三三）の御修復願並一切書付控《ひかえ》に「両所共、神事社役ニ抱中候儀無㆓御座㆒候」と書かれ、それ以後の記録にも神事には無関係であるとしている。天保三年（一八三二）の平等寺年預書上に、社僧が拝殿に上り勤める日のことを次のように書きとどめている。

年中寺役

正月朔日辰ノ刻　於明神拝殿理趣三昧

正月三日午ノ刻　於鎮守拝殿（註・春日社）修正会

正月八日辰ノ刻　於鎮守拝殿大般若経

同日申ノ刻　於大神神社心経会

正月十五日辰ノ刻　於鎮守拝殿大般若経

四月初ノ卯日　花鎮ノ祭礼明神へ出仕

十一月三日辰ノ刻　於鎮守心経会

毎月寺役

毎月　朔日 十五日　巳ノ刻明神社参天下安全・五穀成就祈禱

これらの日にかぎって、拝殿において神事とは別個に読経をなし、祈禱を行なったようである。

伊勢神宮の神宮寺が、神宮とは実質上無関係であったように、当社でも神事はあくまで高宮家、越《こし》家らの神主社家の家柄によって厳然と奉仕され、仏教的なものとは一線を画していたと考えられる。

大直禰子神社（若宮社）

神仏分離

三輪の霊域、大神神社を中心にして、三輪山三方とまでいわれて長く栄えて来た大御輪寺・平等寺などの大伽藍も、明治維新になり、水戸学を中心とする外教排斥の風潮の前に、たちまち明治元年（一八六八）三月十七日まず「神社における僧形の別当、社僧を禁じ還俗すべし」との達しを受け、ついで同二十八日には「神仏判然令」（神仏分離令）が下り、神宮寺としての仏教活動は完全に終止符を打たれた。明治元年十月二十三日に平等寺の社僧は還俗が認められ、同三年十二月二十五日に社家に編入が許されている。

この間の社僧らは、白川殿において神道の伝授を受けたが、三輪流神道の秘法公開を強要されたり、仏堂の取毀し、仏像（六十一体）、仏具類の処分、境内地の返還を迫られるなど、従来の社家側からの嫌がらせもかなり厳しかったようである。例えば神勤を許されても、古くからの宮仕えの者にたいして多額の饗応をすべきことが課せられている記録もあり、平等寺派の新社家は、平等寺鎮守神として域内にまつられていた春日神社（現存・末社）において「聖朝安穏・天下泰平之祈禱」を毎日厳修させられている。それにもかかわらず、明治四年になり大神神社が逸早く官幣大社に列せられて、教部省より人員整理が申し渡されると、新社家は名のみで、翌五年六月には権禰宜上野光乗一名を残し、ほかは全部職を免ぜられている。

一方、大御輪寺もまた同じような運命のもとに、神勤を許されたが、別当（住職）の僧でさえ大神神社においては社家の次席に置かれ、若宮社においても大宮神主の次席という取扱いに甘んじなければならなかった。

判然令が下達されて間もない九月には、三重塔・護摩堂などの取り払いが行なわれ、わが国美術史上、天平の傑作とたたえる本尊十一面観音像も、聖林寺（桜井市下区）へひそかに預けられ、四天王像は長岳寺（天理市柳本）へ、弘仁期（九世紀）の地蔵菩薩像は法隆寺へ無事に引き取られている。文化史上からも価値高い、これらの諸仏像が潰滅を免れたことはせめてものよろこびといわねばならない。

十一面観音（国宝）

その他、有名な玄《げん》賓《びん》僧都が庵を結んだ玄賓庵（謡曲『三輪』に由縁ある）は、これまで三輪山の域内にあったものが、現在の山外の地域へ遷されたのである。

明治の嵐

当初、廃仏毀釈の嵐の圏外にあって急に優位に立った旧来の神主、社家以下の神使えの人たちも、けっして安閑としてはおれなかった。というのは明治四年から五年にかけ「社頭建物雨溜ヨリ三尺ヲ除キ上地」を申し付けられ、結果的には明治六年九月四日「御諸山一山ヲ社地ト相定メ、左右裏手共山ノ足曳ヲ以境界相立可レ申旨」の許可が出て最初の危機は無事に免れたけれども、一方ではすでに明治四年、官幣大社に列せられると同時に、中央より任命の宮司の着任を見、高宮神主以下世襲の社家はことごとく一旦神勤を免ぜられ、その後になって、等外雇あるいは等外常雇の名目で再度の奉仕が許されるという、まったく夢想だにしなかった激変の波は神社のあり方にまで内部深くおよんだものである。

九　薬と酒の神

薬と三輪さん

「くすり」は、奇《くす》しき術の転語であるといわれる。まことに「不思議な力」ということばである。

当三輪の大神様の正しい名は、倭大物主櫛瓺魂命《やまとのおおものぬしくしみかたまのみこと》であるが、まったく不思議な偉大な霊力をもたれる神というわけで、「くすり」もこの奇しきミカタマ（いかしき魂）の御力でつくられるものといえる。

中国の周礼に、医薬の医謂ハ醸シテレ粥ヲ為スレ醴トとあるが、醴《れい》とは一夜酒のことをいっているのである。昔から「酒は百薬の長」といわれる。酒はその量を誤まらなければ、心を朗かにして人々との融和に役立つばかりでなく、血行を良くし、疲労の恢復薬ともなり、古代から傷や害虫の害にたいしても、奇《くす》しき効能を発揮したものである。その酒づくりの神であることはつぎに詳述するが、また薬《くすり》・禁《まじ》厭《ない》の神でもある。

『日本書紀』に「かの大己貴命、少彦名命と力を戮《あわ》せ、心を一つにして天下を経営《つくり》たまふ。また顕見《うつし》き蒼生《あおひとぐさ》、また畜産《けもの》のために、すなわち其の病を療《おさ》むる方を定む。また鳥獣、昆虫の災異《わざわひ》を攘《はら》はむ為には、即ち其の禁厭之法《まじないやむるののり》を定む、是《ここ》を以《もち》て百姓今に至るまで咸《みな》、恩頼《みたまのふゆ》を蒙れり」と書かれている。

三輪族と草根木皮

古代の人々は本能的に、薬を天然の草根木皮《そうこんもくひ》に求めたであろうし、一方、体験や語り伝えによって、単味から複味の薬にしだいに変ってきたものと考えられる。大和の大峯山を開いた役《えん》の小角《おずぬ》は三輪族であるが、この人が陀羅尼助《だらにすけ》を創製した話は有名である。漢方の伝わる以前に、和方を以て人助けをしていた三輪族のことも理由あることと思われる。というのも遠く大己貴命（俗に大国さん）、少彦名命（俗に神農さん）から教えられ、いいつがれてきた薬づくりであったと見られるからである。あか裸にされた因幡の白兎を救った神話はもっとも有名だが、まず、きれいな水で体を洗い、蒲《がま》の黄《はな》にくるまるという教えは医学療法からも理窟に合い、また大神が、たくさんの兄どもから虐《いじ》められ、猪と瞞《だま》して焼石を捕えさせ、大火傷を負わされた時も、蚶《さき》貝《がい》（赤貝の古語）を焦《こが》し、蛤貝《うむがい》の汁と母乳を混ぜた薬、つまり脂肪を含んだ母乳で、泥膏を作って塗ったことなど驚くばかりの適応療法といえる。

なお『三代実録』貞観二年（八六〇）の条を見ると、

十二月廿九日甲戌。従五位下行内薬正大神朝臣虎主卒。虎主者。右京人也。自言。大三輪大田々根子之従。虎主。本姓神直。成㆑名之後。賜㆓姓大神朝臣㆒。幼而俊弁。受㆓学医道㆒。針薬之術。殆究㆓其奥㆒。承和二年為㆓左近衛医師㆒。遷㆓侍医㆒。十五年授㆓外従五位下㆒。兼㆓参河掾㆒。

後遷兼㆓備後掾㆒。云々。

とある。やはり医薬の道をもって、中央に進んだ三輪族の家系のあったことを立証している。

さて大神の事蹟として、療治のために温泉を利用する方法もはじめて教えておられる。『伊予国風土記』には

鎮花祭 献薬

「湯郡、大穴持命、はぢしめらえし時、少彦名命、活《い》かさまく欲《おもほ》して、大分《おおきだ》・速見《はやみ》の湯（現在の別府温泉）を、下樋より持ち度《わた》り来て、少彦名命もて浴《あむ》せしかば、しばしが間《ほど》に、活《い》き起《た》居ちましき。（中略）凡そ湯の貴く奇《くしび》なるは、神世の時のみにはあらず。今の世にも疹痾《やまひ》に染《し》める万生《あおひとぐさ》、病をさり身を存《たも》つ要薬《くすり》と為《せ》り。云々」

とある。

また『三輪流神道深秘鈔』にも「亦三輪に薬川（註・狭井川を指す）というものあり、（中略）兼ては又一切の病ひ災ひをも、別してあはれみ玉ひつつ療治まじまひ祈禱の道ことごとく教へ玉ひ、諸神にまさりて御利生あり。恐らくはかやうの奇特のことわりある御神は神代の巻の中にも今一神ましまさず。息災延命の祈念などは此の神前にしくはあらじ。（中略）扨て日

本の温湯ども、有馬・熊野の湯に至るまで皆是当社の御建立也。此故に御名を清《すが》の湯山主《ゆやまぬし》の神とも中奉る。云々」とある。道後温泉のことは『伊予国風土記』に出ているように、別府温泉をひいてこられたのが湯のはじまりであるが、各地温泉場では湯の神として祀られている。

御祭神が、素佐之男命より、その娘、須勢理毘売《すせりひめ》の夫としての試練を受けた折、蛇の室、呉公《むかで》と蜂の室の御難を、蛇のひれ、むかで・はちのひれを振ってこともなく避けられたことは禁厭《まじない》によるものである。

こうして医薬・禁厭の神としての御事績は、『日本書紀』の伝えるとおり、現在もなお心身の病をいやす、霊力の高い大神としての信仰として根強く続いている。またわが国、古来の薬方を勅命によって安倍真直・出雲広貞等が、大同三年（八〇八）に撰述した「大同類聚方」にも、当大神神社の神伝の薬として、大神薬《おおみわぐすり》、花鎮薬《はなしずめのくすり》、三諸薬《みもろのくすり》という三種の薬の効能、調整法を載せており、医薬の神としての信仰がこれらによってもうかがわれる。これは三輪の祭りの章でまたふれることにする。

酒と三輪さん

酒が「味酒《うまざけ》三輪」と、三輪の枕詞につかわれているほど、酒と三輪は深い関係をもっている。

御神名の倭大物主櫛甕魂命を語源的に拝しても、櫛は「奇《くす》」で「くし」「くすり」と同根の言葉であり、甕は瓮「みか」、酒の容器である。神前にお供えした酒瓮を「三輪据ゑ・神酒《みわ》すゑ」というふうにいっていることが古書に見られる。つまり、祭具の土器が内用品の名に変ることは「碗」

モヒが「水」をも「モヒ」というのと同様である、と西宮一民博士は説明されているが、『播磨国風土記』にも「伊和村〔本の名は神酒《みわ》〕大神、酒《みわ》を此の村にて醸したまひき。故《か》れ神酒《みわ》村と曰ふ」と書かれている。

また御神体山であるお山を「味酒《うまざけ》みもろの山」（三諸山）とか「実醪《みもろ》就く三輪山」と申すことは、実醪《みもろ》すなわち「酒のもと」の意味で、酒の神としての信仰から名付けられたという説さえある。また「サケ」は「栄え」のつづまったものであるともいわれる。酒を飲んだ時の心地良さが、何か世の中の繁栄を連想させる心情にまで高揚されるので、「栄え」を「さけ」とよぶようになったのである。

そして世の中の栄えんことを目的として生れ出てこられた神さまの話が中心となっている。わが国の神話や古典の中には、たびたび世の中の繁栄を願う酒のことが出ており、そして必ずといって良いほど、それは神々をお祈りする時の話に出てきている。これは世の中の繁栄を念願として用いられる酒の願いと、神々の願いが人間社会の栄えを窮極の念願とする点で一致するので当然のことであろう。ともあれ、縁起のよいものであり、保健上まことに結構なくすりであることは、昔から「酒は百薬の長」といわれるとおりであろう。

杜氏の祖「活日」

歴史の上で当社が酒の神としてもっとも有名になった由来について、『日本書紀』をみてみよう。

「すなわち崇神天皇八年夏四月乙卯十六日、高橋邑の人、活日《いくひ》を以て大神《おおみわ》の掌酒《さかびと》となし給ふ」

神楽、うま酒みわの舞

とあり、「八年冬十二月乙卯二十日、天皇、大田《おおた》田根子《たねこ》をもって大神を祭《いは》はしめ給ふ。是の日に活日、自ら神酒を挙《ささ》げて天皇に献り仍りて歌して曰さく、

この神酒《みき》は　わが神酒《みき》ならず　大倭《やまと》なす
大物主の　醸《か》みし神酒　いくひさいくひさ

かく歌ひて神宮に宴したまふ。即ち宴竟《おわ》りて諸大夫等歌ひて曰はく、

うま酒　みわのとのの　朝戸にも　出でて
行かな　三輪のとのどを

ここにおいて天皇歌して曰はく、

うまざけ　三輪のとのの　あさとにも
押しひらかね　みわのとのどを

すなわち神宮の門を開きて幸行《いでま》しぬ。いはゆる大田田根子は今の三輪君等の始祖なり」とある。

味酒《うまざけ》三輪の祝の　山照らす　秋の紅葉《もみぢば》　散らまく
惜しも

と万葉にうたわれているが、三輪といえば味酒《うまざけ》の三輪とつづき、味酒の三輪と二千余年前から切っても切れぬ関係にあることがうかがわれる。

柳生健吉氏は、三輪大神の御神酒についての所論として、この時、活日《いくひ》は酒の神の三輪大神に祈念し、その加護によってあっぱれ後世に名を残すほどの芳醇酒を醸《かも》し得たことを、この歌で表現している。この活日こそもっとも古くその名が現われた専門技術者であり、現在、杜氏《とうじ》の先祖として三輪の境内にまつられているのも当然である、としている。（活日神社は古くから一夜酒社《さん》と呼びならわされ、本社拝殿を頂点として三角形で結ばれる南台地に、天皇社として崇神天皇が、北の台地にこの活日社が御鎮座になっている）

活　日　神　社

延喜式の清酒・濁酒

さて「延喜式」にも、三輪の酒の縁起について特筆すべき記載がある。延喜式は、醍醐天皇の延喜五年（九〇五）から二十二年間かかって完成した全五十巻の書物だが、その中に造酒《さけの》司《つかさ》式があり、原料米およそ八百二十八石（約一二〇トン）を用いて、その用途に従って醸法を異にする酒を造っていたことが書かれている貴重な文献である。造酒司が奈良平城京に発していたことはうなずけるが、現在も発掘中の平城宮址より造酒司宛に送られてきた酒造米の木簡が出土して、確認されたのである。「延喜式」の酒は奈良平城京で行なわれていたものが、平安遷都と共に新京に伝えられたものと推定して間違いはなかろう。

大神神社の酒についても、「延喜式」の神祇一、四時祭上に、大神《みわ》神社、狭井《さい》神社、率川《いざかわ》神社三枝祭《さいくさのまつり》三社の御神酒と神祭用の調度、神饌があげられているが、いまそれを摘記してみると、

大神神社
清酒《シロキ》《スメル》五升、濁酒《クロキ》《ニゴレル》六斗五升、鰒《アワビ》二斤六両、堅魚《カツヲ》五斤五両、腊《キタイ》八斤、海藻《ワカメ》五斤五両、塩二升

狭井《サイ》神社
清酒五升、濁酒六斗五升、鰒三斤、堅魚五斤五両、腊八斤、海藻五斤五両、塩二升

率川神社
酒料稲一百束、鰒二斤、堅魚四斤、腊六斤、海藻四斤、甅《サラケ》・水盆《ホトキ》

「延喜式」に酒は無数に記載されているが、それはたんに酒とのみあり、清酒・濁酒に分けて明記してあるのはここだけに見える。しかも振仮名《ふりがな》を附して、清酒にはシロキ・スメル酒、濁酒にはクロキ・ニゴレル酒と説明がついているのは貴重な文献といえるであろう。ここで清酒というのは現在のように、仕込法によって造った酸っぱくない清酒でないことはいうまでもない。昔は清酒と

いっても濁酒をこすかこさないかの違いだけのものである。

大神神社の縁起にあるとおり、崇神天皇は徹宵して活日の捧げた酒をめしあがられ、ご機嫌うるわしくご還幸遊ばされていることから拝察して、この時の酒はたんに神酒と書いてあるが、正しくは清酒であったと認めたい。「延喜式」の清酒五升とあることからも妥当のように思われる(醸酒専門家柳生氏の研究説)。

八十平瓮《やそひらか》

つぎに考古学上からも出土品によって立証されるものがある。それは大正七年五月、三輪・山ノ神祭祀遺跡より発見された数多くの土器の中に、竪臼、竪杵、匏、柄杓、箕、案の模造土製品があって、これらは、あきらかに醸酒に関係するものであるからである。「延喜式」の四時祭はじめ諸祭の祭料品の中、醸酒料の用具に合致している。出土品から見ておそらく弥生式文化の時代、二千年を越える昔の三輪の姿を物語る厳粛なる事実である。

さらに見逃がしてはならないことは、当社大神祭において御酒を如何に扱っているかということである。社伝によると、四月と十二月の上の卯《う》の日の大神祭《おおみわ》には「八十平瓮《やそひらか》を以て祭をなす」とあり、酒をお供えすることが祭の第一義であったことがうかがわれる。

新醸の神酒《みき》を捧げて杉の舞　白茅

また現在でも国税局の醸造免許をうけて、毎年、濁酒を社醸しているが、平素の祭典にお供《そな》えするほか、摂社率川神社の三枝祭にも延喜の制に則り、濁酒を黒貴《くろき》としてこれを供しているが、清酒の白貴《しろき》にたいし、上座に濁酒を据えているのも、昔のならいをしのばせている。

三枝祭の「ほとぎ」

少彦名神《すくなひこな》と酒

つぎに当社の御祭神の一柱、辺津磐座に鎮まる少彦名神《すくなひこな》は、やはり酒の神としてひろく知られている。『日本書紀』の神功皇后の条に、十三年春二月癸酉、太子（応神天皇）が角鹿《つぬが》（敦賀）からお帰りになった時、神功皇后は待酒をつくり、太子と御宴を張られて祝いの歌をうたわれている。

此の御酒《みき》は　吾が御酒ならず
酒《くし》の神　常世にいます　巌立たす　少名御神《すくなみかみ》の　豊祝《とよほぎ》、豊《ほ》ぎ廻《もと》ほし　神寿《かむほぎ》、寿《ほ》ぎ転《く》るほし
献《まつりこ》来し御酒ぞ　涸《あ》さず飲《ほ》せ　ささ

大物主神・少彦名神をお祭りする当社は、名実とも酒造の神であり、わが国において醸造する日本酒は、大神の神伝を受け伝え、その守護により今日にいたっている、といっても過言ではないであろう。

三輪の酒ばやし

どこの地方へいっても、造り酒屋さんの軒先にマリモを大きくしたような杉の毬《たま》、つまり杉玉が吊られているのを見かける。じつはこれが「三輪の酒ばやし」「しるしの杉玉」である。伊賀地方（三重県）では「三輪ばやし」といっているようである。

オーストリアのウィーン郊外では新しいブドウ酒ができると、軒先に松の枝を束《たば》ねて道行く人に新酒のできたことをしらせるという慣習があるが、オーストリアというのはエステル・ライヒ、つまり東の国ということで、ゲルマンの東部に位するという意味の名の国である。三輪の杉玉に似た風習にもなにか東方との関連があるかもしれないと示唆にとんだ話を、日本移動教室協会の清水宣雄氏がされたことがある。

しるしの杉玉

元来「酒ばやし」というのは、『出雲国風土記』の拝志《ハヤシ》郷（今の玉造温泉のあたり）に出ているここばが重要なヒントを与えてくれる。

所造天下大神命《あめのしたつくらししおほかみのみこと》、越《こし》の八口《やくち》を平《ことむ》けむとして幸《いで》ましし時、此の処の樹林茂盛《はやししげ》れり。その時、詔《の》りたまはく、吾が御心の波夜志《はやし》と詔《の》りたまひき。故《か》れ林と云ふ。

と記されている。わが心のはやしとは「栄《は》やし」であり、樹林茂盛《はやししげ》れる状が、すなわち「栄《は》やし」「栄《さか》えよ」「引立てる」を表わすのである。現今、おはやし（お囃子）などといわれるのはもちろん「引き立てる」役目のものである。酒を一段と引き立てる意味にとれば、神杉の茂盛《しげ》れる状はなるほどうなづける。

酒は「栄えよ」のつづまったものとすれば「酒ばやし」は念が入りすぎている。ウィーンの松の束でも樹林茂盛《はやししげ》れる状なら、立派に「酒ばやし」と名づけられてよい。しかし日本酒なればこそ杉でなければならないことは当然といえる。

つぎに「しるしの杉玉」といわれる理由は、通常、商標《しるし》・招牌の意味をもったものである、と解する人が多いようであるが、「しるし」は「霊験」の験の字を当てるのが正しく、まぎれもなく三輪の神杉を指すのである。本来、三輪の社は「杉の社」「杉立てる門」などと『枕草子』、『古今集』にも出ているように、杉を神木としている。三輪流神道でも、伊勢は榊、住吉は松、三輪は杉に神が宿ると説く。

味酒《うまざけ》を三輪の祝《はふり》がいはふ杉手触りし罪か君にあひ難き（『万葉集』巻四丹波大娘子）

味酒の三輪の神杉かみながら神さび立てり三輪の神杉

五十串《いぐし》たて神酒居奉忌杉祝《みわすゑまつるいまなすぎほぎ》つつ祭る豊《とよ》の味酒《うまざけ》

杉ケ枝をかすみこむれど三輪の山神のしるしはかくれざりけり（『千載和歌集』僧都範玄）

現在、社頭の手水舎のすぐ北側に、三輪七本杉の一つ「しるしの杉」の古株がのこっている。

薬玉（杉玉づくり）

つぎに「くす玉」にもふれてみよう。普通、薬玉とも杉玉とも書かれる。『古今要覧稿』に「くすだま、漢土にて続命縷といひ、又長命哉、五色縷なども云う」とあり、つづいて

「仲田顕忠曰く、くす玉は、薬玉とかけるによれば薬玉の意かともおもはるれど、なほしかはあらで、奇玉のこころならんか。さるは、くしは、奇しく霊なる意にてくしなだ姫、くしみたま、などいへる類《たぐい》のくしの転用にて、漢土にて、霊絲などいへるや、やがてかなふべからん。さらば薬玉の邪気をはらひ、疾を除く霊あるもの故、そを称へて名付たるべし。かくはいへど、『続後紀』などすら、既に薬玉とかかれたれば、医師をくすしといふ類にて、もとより邪気をのぞくの薬となれば薬玉の意として、一わたり聞えなんかし」

といっている。

まったくその通りで「くすり」「くすし」は「奇し」が本義である。

いまでも酒造には関係のない一般の三輪信仰者の間で、杉葉や杉の皮をいただいて帰る人が多い。家中に病人や災難のある時は、杉の葉をいぶして邪気を払う。また杉の樹の皮は煎じて呑むと腹の病が治るという信仰である。これこそ薬玉は邪気をはらうに通じる、また「霊験《しるし》の杉」にも通じるものである。神聖な三輪山の杉でつくった「杉玉」こそ「奇玉《くすだま》」であり、「酒ばやし」「みわばやし」「しるしの杉玉」とよばれるが、大神さまの御霊（とくに奇魂《くしみたま》）の憑《よ》り代《しろ》として酒造家の軒先に吊るすか、酒蔵に吊ってそのご加護を願うのが、古い信仰の姿である。

酒は生きている

醸造の技術はたしかに進んできている。しかし酒は生《い》きものである。生きている麹菌を相手にできの良否をつくり出すことは、やはり科学ではどうしようもない領域がある。酒の出来るときは、酒屋のオヤヂさんにとっては、ちょうど子供のお産のときのように居ても立ってもいられないときが何日か続くわけである。そのときにこそご加護を願うのは、この杉玉以外にないのである。とりもなおさず醸造神三輪の神へのおすがりである。

「酒は生きている」ということで、三輪ではもう一つ考えられることがある。というのは前に紹介した崇神朝の大神掌酒《おおみわのさかびと》・活日《いくひ》さんであるが、この活日《いくひ》はまた活霊《いくひ》とも書く。この名前こそ麹菌であり、物を生み出すはたらきを表現する名といわれることは大いに注目すべきことと思う。

当社では毎年十一月十四日、崇神天皇の司牧人神の詔を出された日をもって新酒の醸造安全祈願大祭を執行して、もっとも荘重な「杉の舞」のお神楽《かぐら》を奏して盛大に祈請・奉賽を行なっている。

この神楽は崇神天皇の御歌「味酒三輪の……（前述）」、また活日さんの献られた「このみきはわがみきならず……（前述）」のゆるやかな調べに合わせて四人の乙女が、杉の小枝を手にして舞う。参進・退出には檜扇《ひおおぎ》を用いず、三宝にのせた御神酒《おみき》を献げて進退する独特のかぐらである。

このお祭は新酒の仕込期に先立つ祭なので、奈良県内の酒造家はもちろん、灘・伏見をはじめ全国的に広く案内しているが、遠くは九州・東北地方からも熱心なお酒屋さんのお参りがある。拝殿向拝の天井に吊ってある大杉玉（直径一・五メートル）は、毎年この日に新しく取り替えられる。またこの祭のあとは小さな杉玉が謹製され全国の酒造家へ発送される。

かつてテレビ・ドラマの「つくしんぼう」の中で酒屋の主人が相続人に「杉玉様と女房を大切にするよう」と訓《おし》えているところがあったが、その通りの信仰はいまも脈々とつづいている。

杉玉の歴史がいつ頃にさかのぼるかわからないが、豊国神社祭礼図屏風の中に杉を束ねたものを店先に掲げてあるのが描かれてあり、桃山時代にはすでにかなり広まっていたことは確かである。しかしそれ以前から三輪へ参詣しては、杉の枝をいただいて帰る風習があったものとは容易に考えられるが、現今では一般の篤信者から杉の枝を要望されるので、毎月一日の朝詣りの方にかぎり、小枝を「三輪のお祓い杉」として特別に社頭で授与している。

方除け信仰

三輪信仰の分布から見て、大和・河内・和泉地方はとくに昔から信者の多いところである。これらの地方にはいまでも「鬼門金神そこのけ三輪の神」という俚言《りげん》が伝わっている。もともと、金神は中国から来た陰陽思想が作り上げたもので、牛頭《ごず》天王に伐られた巨《こ》旦将来《たんしょうらい》の亡魂である。生きとし生けるものを片っ端から殺す金神の七殺などといって、もしもこの神の怒りにふれると、その家族が七人に満たず五人であれば、そのほかにもまだ隣の人、二人までも取り殺すというほど、じつに怖れられた神である。廻り金神・日日金神・たてこみ金神などと種類も多く、年や日によって居場所を変え、この金神のいる方角に家造り、転宅、嫁入り、その他、旅立ちなどをするとたちまち祟《たた》りがあるというものである。

これらは真に取るにたらない迷信であるとわかっていても、一言の下に割り切れる人がどのくらいあるだろうか。われわれの先祖は、この異国思想が生んだ悪神に対抗するのに、明るい民族神である三輪の大神に救いを求めたのが、いまに盛んな三輪の方除け信仰であろうと思われる。

鬼門

また鬼門とよぶことばがあるが、鬼門は忌門とも書き、これにもいろいろの説がある。やはり中国の思想から来たもので、鬼が出入する門だとか、霊鬼が二匹いるとか、鬼の集まる処だという説や、いっそう複雑に考えて、その人の生れ歳によって鬼門の方角が違ってくるとかいう。一方では鬼門ではなく喜門であるという。

元来、この東北の方角は太陽が東から昇る刻前に、気圧の関係から清気の流れてくる方位であるから、この方角を不潔にしておくと大気が濁《にご》るといい、また木を植えたり、建物を建てて塞《ふさ》いでしまうと、清浄な空気がさえぎられるから喜門はもっとも大切にすべきであるとも説く。三輪の神は、大地を支配される大神さまとしてのほかに、人間の五官では知覚しえない幽界・霊界を主宰される神として信仰をあつめている。

古典に示されているように、天照大神の直系の神々に、この国土・現世のことをまかせて、私たちの目にうつらない大地の底、大気の中にひそむ悪神鬼神を取りひしいで、皇室・国家・万民の生活を守護するとのご宣言にたいする期待から、大神への信仰が生れたものである。

京都と日吉

崇神天皇が大神の祭を怠り、国中に悪疫が流行し、大神の御託宣によって盛大に祭を行なわれたこと、それによって天下は平穏にかえったという記述は、国土を支配し、皇室、万民を守護される神、とり分け神秘界を司られる大神の存在を忘れていたからの戒《いまし》めであろうし、天智天皇が近江へ遷都されたときも、志賀の都の鎮護の神として、鴨宇志磨に命じて、大神の御分霊を比叡山の麓、坂本におまつりになっている。これが有名な日吉大社、日吉の山王さんである。

さらにこの日吉大社は、のちに京都の、いわゆる東北の鎮め、鬼門除けの神として朝野の篤い崇敬をあつめたのである。

そのほかにも、この三輪の神の御分身が全国各地に奉斎されているが、土木事業・開拓事業・分村移住の際の土地鎮めなどと、いずれも方祟《たた》り除《よ》けの信仰からのものが多い。

災難除け信仰

三輪の大神を国作りの神、生活の守護神というのは、すべて大神の生前に、身をもって難行苦行をされたその間に、人助けのみならず、慈愛の御心は、禽獣にまでおよんだという尊い事蹟に加えて、神秘界を支配される霊界の最高神としての高いご神徳から、つねに幸魂のはたらきにより、幸福へと導いてくださる神としての信仰がつらなる。また蛇・蜂・

呉公の室屋を無事に脱出され、野火の難をさけられた例話などにみられるように、奇魂のはたらきにより危難・災難を除けていただく神、としての信仰が確立されたものである。

それは「鎮魂詞《いのりのことば》」として「幸《さき》魂《みたま》・奇《くし》魂《みたま》守り給え幸《さきは》へ給え」と日常のご祈禱時にも奏上する短い詞の中に、すべてが含まれているのである。したがって、日々ご祈禱を求める参拝者が多いことは、とりもなおさず、この大神さまの高いご霊威を如実に立証するものである。

赤い御幣

大神神社の社頭では、とくに災難除けとして赤御幣を授与している。この御幣は大神様の憑り代として、そのはたらきによって玄関からは一歩も禍事災難を立入らせないものとし、各戸その入口に立てるのである。私は毎日これをお祓い串として、手にとっては振っている。それは蜂の室屋などで大神様がヒレをふって身に迫る災難を避けられた故事から、この御幣にもヒレの意味が十分こめられていると信ずるからである。

では災難除の御幣はなぜ赤いのだろうか。大阪大学の上村六郎教授が、大神神社の社報「大美和」に寄せて下さった一文を紹介してお答えしよう。

「三輪明神の御幣の赤いのは誠に重大な意味をもっております。人間が色を使った最も原始的な目的は何であったかといえば、何等かの意味に於て吾々の人間生活の安全を期するための呪術に在ります。赤い色の魔除け思想は、数千年もの昔から非常に多くの実例があります。例えば、中国二千年前の文献『後漢書』に朱の縄を門戸に張って厄病神の侵入を防いだことが書かれており、『播磨国風土記』の中では、赤土を船や着物に塗って災難除けにつかっております。今日でも赤い縄、赤い土を実際にその意味で使っているのは、沖縄・朝鮮でみられ、明治の代までは丹波の氷上郡でも使っていたようであります。なお、日本では一番広くいきわたっているのは、漁師や船頭さんのしめる赤褌《ふんどし》であります。エジプトや西アジアの実例を拾うと、より古いものがたくさんあげられますが、とくに身近かの中国、朝鮮、日本では、正月には入口や、鍬や鎌の農具にも赤紙を貼ることや、赤小豆で赤飯・粥をつくるとか、小豆を井戸にまくとか、赤ん坊に赤い着物を着せて悪神からその身を守るとか、火事の時には、その類焼を防ぐのに、女の赤い腰巻を振ります」と。

じじつ、朱や紅などは薬効もあり、褌などは鱶《ふか》が、これを怖れるという実際の力と結びついていることが、赤色の実体であろうと思う。三輪の御幣が赤いというのも、ただ、なんでもよいというので始められたものでも、踏襲されているものでもない、ということを申上げたい。

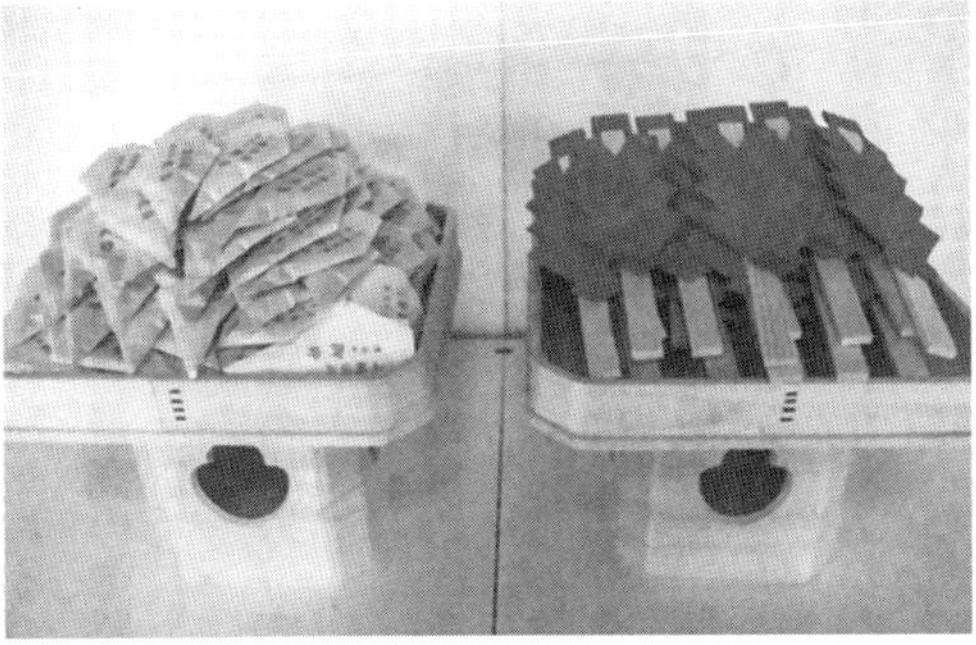

赤い御幣と清めの砂

清めの砂

社頭の授与品で、もう一つ変ったものがある。それは、三角の紙袋に入ったお山の砂――「清めのお砂」といっているものである。泉州や河内地方（大阪府）では、「三輪の神主さんの下駄で金神金縛り《こんじんかなしば》」という言葉が、お年寄りの口から聞かれる。ことばの意味は三輪の神主（高宮家）の履いている下駄《げた》は、大神さまの神裔として、現に最高の聖職にある方が、清浄なお山の土を踏んでいるから尊ばれるのであろう。お山の一木一草、一塊の石、一粒の砂にも神霊の宿らぬものはないという三輪山信仰から、履物に付着した清浄な砂の威力、大神さまの霊力を請い、悪神を追い払う信仰を表すことわざにほかならない。

参拝者には、拝殿前の砂を白紙に包んでは持ち帰る人が多い。普請《ふしん》・造作にはかならずこれをその地域にふりまく。普通では地鎮祭の時に、お清めの塩を四隅と中央にまいて、その境域をお祓いするが、大神神社ではお清めの砂を使うのである。そのため神社からお砂をいただいて帰ると、かならず自分の屋敷の土、砂を持ってきてお返しするのが、ならわしとして今も守られている。

しかし参拝者たちが、信仰のままに勝手に、好きな所から砂をいただいて帰る人、一方では自分の屋敷から持参したお返しの砂を勝手な場所にまいて帰るとなると、先刻持ち込まれた里の土を、つぎの人は知らずにいただいて帰るという不都合も起りえる。そこで神社として傍観できず、現在では、本当に清浄な、神気のこもったお砂をいただいて帰ってもらうため、お山から流れ出る御祓川の上流、拝殿南奥にある浄域大宮谷の川の中から採取して、これを日光で干し、いちいち紙袋に入れて社頭へ出している。

もちろん、このお砂は建物をする時、造作をする時などに四隅にまくのを本則としているが、転宅、開店、開墾、井戸掘、竈《かまど》にさわる時、また自動車の時はその四輪にふりかける、病人には病床のふとんの下に入れるなどいろいろに使われる。総じて霊界統治の主宰神である大神の、「奇魂《くしみたま》」の発動によって眼に見えない災難から守っていただくのである。

三輪山は、もっとも古くしてもっとも新らしい、という言葉は、古代から幾千年にわたり、根強い信仰が受けつがれ、現代もなお生きていることを端的に表現することばである。

明神講

したがって信仰団体の結社についても、崇敬者おのおのの心の呼びかけで、つぎつぎと講の結成が見られる。これを大別すると、氏子と崇敬者にわけられる。

「明神講」は氏子三十四ケ大字を総括して、昭和二十二年四月に結成をみた。さきに説明したように、三十四郷の中には瑞垣郷五ケ大字がとうぜん含まれている。お山の南北を流れ出た初瀬川と巻向川が合流する三角形のうちに住む氏子で、この地区は特別に神聖な地域とされ、死者を葬るにも、川の域外へと遷されるのはいまも守りつづけられている。

氏子三十四郷は三輪山を一重二重に取りまいて、古代から護りつづけてきた人垣でもある。こうして神山護持の血が受けつがれてきた氏子の人たちに、新しい組織をもち、氏子意識を一段と強化するために結成されたのが明神講である。陰に陽に神山の警備から、年中の伝統神事に至るまで、何といっても尊い氏子の、文字通りの奉仕が待たれるほかはないのである。

講社崇敬会大祭　千本杵餅つき

報本講社

「報本講社」は大正十年、一般崇敬者をもって組織された講である。古くはやはり江戸時代にその前身を認めることができる。現在、拝殿奥の灯籠には「寛延四年（一七五一）霜月、日参講」の刻銘があり「桜井川西素麺社中」寄進のものと、「三輪信心有志連」のものとがある。また明治初年には氏子成講社が結成され、準氏子としての誇りをもって活動したが、それらの信仰団体が、北は北海道から南は沖縄まで全国的に拡がり、新たに報本講社として成長したといえるのである。その組織の中には、大物主大神を御祭神とする鎮守の杜の氏子が、当神社を本社と崇め氏子全員で講を結成しているもの。企業や職場を単位として同志が結集して講となったもの。篤信者が講元となり、その講元の個人的なつながりを基盤として広い地域にわたる同志的な結集によるもの。また、日々の参拝者の御祈祷からもうかがえるように、三輪の神さまのご霊威が格別なことから、月参りをする方々も非常に多く、顔見知りとなった人々が、誰れ彼れということなく社頭でたびたび顔を合わせているうちに、大神さまの信仰を中心に親睦をはかろうとして結成されたもの。さらに、土地の神、方除けの神、災難除けの神として建築・設計・大工・左官屋さん・硝子屋さん等、同業種の方々が結集して構成されたもの等、その結成発足はさまざまである。

酒栄講《さかえ》

うま酒三輪の神は、醸造の大神である。また摂社、活日神社には杜氏さんの祖神、高橋活日命をまつるので、全国酒造業者によって昭和二十九年に結成されている。例年十一月十四日には、新酒の醸造祈願祭（酒まつり）のあと新しい「三輪の杉玉」が講員に届けられる。

薬神講

奇魂《くしみたま》を奉斎する当社であり、同時に神農《しんのう》さんと仰がれる少彦名神《すくなひこなのかみ》をおまつりしているので、古くから大和の製薬業者、大阪・京都の製薬会社の信仰によって、昭和二十五年に結ばれた講である。奈良朝以前の昔からとり行なわれている疫病除の鎮花祭を中心に「くすりまつり」として年々盛大になっている。

豊年講

三輪の神は殖産興業の神、とりわけ農耕神として農家の人々から熱い信仰をあつめてきた歴史は、じつに太古にさかのぼるが、昭和三十年、県内の大美和農業研究同志会の熱心な人たちが中心になり、近畿地方の農業関係者によびかけ豊年講が結成された。

毎年二月六日、古儀にのっとった御田植祭に併せ開催する豊年講大祭を皮切りに、神饌田での稲作やまた「ご神体山の緑を守ろう」を合言葉に、三月下旬の植樹祭を始めとする植樹や献木、下刈りの奉仕。さらには十一月二十三日の新嘗祭にあわせ開催する、県下最大の農林産物品評会。とくに近年には、三輪山周辺に生息する「笹百合」が減少したことを憂慮され、笹百合の球根の植付栽培にも尽力、毎月朔日にはとれたての野菜などを即売する「ついたち朝市」を催すなど、奉仕活動ともどもいちじるしい発展の一途をたどっている。

崇敬会

大三輪の大神様は、八百萬の神をひきいて国土をおひらきになられ、農・工・商すべての産業開発、また造酒・方除・医療・開運厄除・縁結びなど、世の中のありとあらゆる幸福のために尽され、その恩頼は山川草木にまであまねき、人間生活万般の守護神として広く篤い信仰をあつめている。その中で講社・崇敬団体に属せず、個人的、または家族だけで広大無辺なる御神徳を崇め敬い、感謝の誠を挙げ、神の御心にかなう生活の向上と発展を望んでおられる人々が平成二年に発足した崇敬会に加入しておられる。

献灯講

幸福な日々の生活を感謝し、神恩奉賽の真心を捧げ、さらに三輪の神さまに近づきたいとの願いを込め、三六五日ご神前に「御明かし」をあげようと、拝殿・祈祷殿・境内参道にある約四〇〇余の燈籠を奉納された方々によって献灯講が構成されており、毎年一月八日の献灯祭に参列されている。

大神信仰の実態

こうして大神《おおみわ》信仰は、氏子の組織する明神講や崇敬者の報本講社などを母胎として、関係業者たちが、独立して講組織を育てていく、という特殊な形態で発展している。熱心な信仰者同志の意志の盛り上りによるもので、むしろ神社側がお尻をたたかれているというのが現状である。また講を世話して下さる講元、世話係の人々は、祖父、父、孫といった相伝であることもまた、大きな特徴のひとつである。

こうした強い信仰は、まったく幾千年もの太古このかた、庶民の生活と思想の内部へ浸透した広大なご神徳によるものだが、一面、中世以降の神仏習合の影響もけっして軽視できないものがあろう。そうして、民衆の喜びと苦しみの中に確立された三輪独特の信仰の力は、どんな時代の流れにも、微動だにしなかったといえるだろう。長い官社時代をへた今日において、それは実証されている。拝殿前にひざまづく人々の口から出るいのりの言葉は、大祓詞《おおはらい》あり、般若心経あり、観音経ありでいろいろ雑多ではあるが、ただただ一心である。

お香水・お加持・ごま木・おローソク料など、三輪流神道的な用語を使う方もおられる。奈良朝までは政治面でも大きな支配力をもっていた大三輪族が、藤原氏の権勢の前にいさぎよくその座をゆずったことも、大神信仰を安泰ならしめたようにも思える。

政治にくみせず、大衆の生活に則した、親しみと力と光とを与えて下さる大神信仰こそ、先年、マルセル博士が三輪山を望見するなり、あれは神の山だと思わず讃嘆のことばとなって出たものと思われる。

一〇　三ツ鳥居

山を神体とし、本殿のないことで有名な大神神社の建造物で、古来「一社の神秘なり」と伝えられてきたものは「三ツ鳥居」である。全国に鳥居は多いが、この独特の形をした三ツ鳥居は大神神社だけのものである。この章では、現存する建造物を中心に考えてみよう。

拝殿と御棚

まず、参拝者がぬかずく現在の「拝殿」は、その棟札にも見られるように、寛文四年（一六六四）徳川四代将軍家綱の造営にかかり、大和国高取藩主植村右衛門家吉の奉行によって再建されたものである。

その形式・構造は、昭和二十五年五月三十日付の重要文化財指定書によると、桁行九間（約一六・三三メートル）、梁間四間（約七・二七メートル）、一重屋根切妻造檜皮葺《ひわだぶき》、平入西正面、附棟札一枚・上棟寛文四甲辰歳三月吉日となっている。拝殿の正面中央は千鳥破風、向拝三間（約五・四五メートル）唐破風附で、内部は中央三メートルの割拝殿形式になり、両側の床は一段高く、奥には両側ともおのおの長さ四・二メートルの「御棚《みたな》」と称する二段の腰つき壇が設けられている（腰高一・〇三メートル、奥行一・〇八メートル、

拝殿の御棚

上段高さ〇・四メートル、奥行〇・九メートル）。

この御棚について近藤喜博氏は、寛文の造営に際して初めてこのような御棚形式が発案されたものでなく、おそらくそれ以前の拝殿にもあったものと思われ、それをそのまま持ち伝えて、寛文年度の造営に当ってもやはりこれを構えたとしか考えられない、といっておられる。

この御棚の用途を調べてみると、明和三年の神事勤行日記に、正月十五日、棚に御供餅を供え、御神燈をあげたことが見えている。棚は漆塗りで黒光りがしており、壁には数多くの円鏡を並べて掛け、その中央には鏡台に立てた大きな鏡（裏面に元禄七甲戌年〔一六九四〕八月吉日、三輪大明神、向って左棚のものは、享保十九甲寅年〔一七三四〕六月吉祥日大和国三輪大明神の在銘）がすえられ、つねに清浄が保たれている。お正月には棚の上段に百八十一本の御幣が立てられるが、それは大己貴神の御子神

大神神社の拝殿（重文）

の数（百八十一神）に当るわけである。

　この御棚こそ、三輪山古代祭祀の重要な形式が、今日まで残されているものと考えられる。つまり古代における祭祀は、庭上式で無論屋外でとり行なわれたが、そのさい、とうぜん何かの設備を設けて献備の品々を横山のごとく満《み》て並べ奉奠《ほうてん》されたものであろう。拝殿の成立を告げる時代におよんでも、その形式だけは拝殿の中に持ちこまれて現代におよんでいるものと思われる。

　ところで、この拝殿も建立当初にくらべ人口の大幅な増加や交通機関の発達等により、参詣の人々が急増し昇殿参拝者も増えたことによりしだいに狭くなり、必要に迫られるかたちで、昭和二十八年から十年計画で大神神社昭和大造営が行なわれ、拝殿の御屋根葺替並びに拝殿前面の両翼に拝所と渡廊下が新しく増設され、元来横長の拝殿にさらに一層の重厚さが加えられた。

さらにその後、昭和六十二年七月、奈良県文化財保存課が行なった調査（「拝殿破損調査報告書」）で、「拝殿は築造後三三〇年の年月が経過し、建物も基礎・軸部・軒廻り・屋根等に沈下、傾斜、虫害、垂下、破損が見られ、早急に解体修理をし創建当初の姿に復元する必要」との勧告を受け、平成四年七月に拝殿老朽化に伴う解体修理と、既存建物で退化が進み、不都合にして支障をきたす施設の総合的整理見直しを目的とし、大神神社平成の大造営奉賛会を結成した。

事業は平成五年から九年にわたり、第一期工事として祈祷殿を中心に左右に儀式殿、神饌所、参集殿並びに同地下参拝者休憩所等の造営を行ない、引続き平成九年十月から第二期工事として、文化庁並県文化財保存課の監督指導のもと拝殿の保存修理に着手、工事は建物を解体し精細な点検調査を施工し、御屋根の葺替えを始め最小限の不良浄財を取り替えるなどして、平成十一年八月に旧材のまま往古の姿に復元した。

古来、御本殿のないこの神社に、いつ頃拝殿が建てられるようになったのかは、うかがう術《すべ》もない。しかし『日本書紀』の崇神天皇紀を見ると、当社で大神祭《おおみわまつり》が盛大に行なわれ、天皇も終夜饗宴をなされたという記録がある。その時、詠《よ》まれた御製に「味酒《うまさけ》三輪の殿の朝とにも出でて行かな三輪の殿戸を」とあり、また「宴二于神宮一……開二神門一而幸行」と記されている。ここの「殿戸」も「神宮……神門」も拝殿を指すものであり、直会《なおらい》をなされたあと、戸をあけてご機嫌うるわしくご還幸になったことをいうのであろう。また日本紀略に「長保二年（一〇〇〇）六月十六日、御卜。依二大神社鳴動一也。七月十三日奉二幣二十一社一。依二大神社宝殿鳴動一也。有二辞別一。」とあるが、この宝殿は一般に拝殿の尊称であると解されている。しかし、あるいは摂社、神宝神社が禁足地と川一つへだててまつられていることから、三つ鳥居右奥の禁足地内にある物実《ものざね》（神実《かむざね》）を収めていると見られる御神庫とも解される。

その後の旧記を拾うと、中古・花園天皇の御代、文保元年（一三一七年）に拝殿御造営が行なわれ、以後、室町時代にはしばしば修繕が加えられ、ついで豊臣秀吉は郡山城主豊臣秀保を奉行として修繕を行なっており、そのつぎが将軍家綱による現拝殿の再建におよんでいるのである。建物全体にはなやかな意匠と装飾が施されているが、彩色のない素木のため、いっそう環境と均衡がとれた落着きを見せているといわれる。

三ツ鳥居と瑞垣《みずがき》

拝殿正中の奥、つまり拝殿とお山との境に有名な三ツ鳥居がある。昭和二十八年十一月十四日に重文に指定されている。指定書には「木造三ツ鳥居附瑞垣・左右延長一六間（約二九メートル）」と記されている。

三ツ鳥居は、いつ頃、なぜこんな独特な形式のものがつくられたのだろうか。後世、いろいろの説があげられているが、社記によれば「古来一社の神秘なり」の一行の記録しか見当らない。神門としてこれを神聖視してきたことは事実であり、「大三輪鎮座次第」（嘉禄二年・一二二六年）にも「当社古来無㆓宝殿㆒。唯有㆓三個鳥居㆒而已。奥津磐座大物主命、中津磐座大己貴命、辺津磐座少彦名命」と見え、三輪山には大物主命のほかに大己貴命・少彦名命を配祀するため三個の鳥居を一体に組み合わせた鳥居ができ上ったとも解釈される節もある。

また古くは三輪山を拝する祭りの庭が三か所にわかれていたのが、現在地の一か所とした時から現代の形式が生まれたとも、また中世の三輪流神道では胎蔵界・金剛界・不二大日界を象徴するものとも解釈された。しかしながら後者はすでにでき上ったものに意義づけをしたに過ぎず過去・現在・未来あるいは真・善・美とか智・仁・勇、天・地・人とかと解釈づけられるものと同様で、発生のもつ意義からは遠いものであろう。

三ツ鳥居（上）瑞垣欄間（下）

また中国の大極図説（易学）よりみる三の哲学、同じく中国式に中央は天子の門、左右はその位に応じて通る門といわれるなど、いろいろの説が立てられている。

三輪流神道では三輪の鳥居は「通る」「くぐる」ではなく「透る」であると説かれている。澄み切った心身で神に近づくこと、神と人の酬酢《しゅうさく》の接点の意味を重視している。

いずれにしても「一社の神秘なり」で、

神聖な秘奥はうかがいしれないし、また創建年月も詳《つまび》らかではないが、現在の鳥居は、明治十六年十月着工、同十七年一月十九日竣工で、いまも百日工事といい伝えられる当時のものである。

もっとも昭和二十八年の昭和大造営にあたり、三ツ鳥居もまた、地中埋没の部分が腐朽しており、瑞垣も風雨、虫害によってはなはだしく損傷していたので、奈良県文化財保存課の手により解体修理が行なわれた。ちょうど工事中、県技師北森徳次氏によって、鳥居の東北隅の敷石の下からめずらしい「子持勾玉《まがたま》」が発見されたことも特筆すべきことである。従来、三輪山麓では所々で「子持勾玉」が出土しており、神まつりのさい、榊の枝にとりつけたものであろうといわれている。その時、出土したものは滑石製の長さ一〇センチ、幅二・五センチ、厚さ一・五センチのもので、尾部と思われるところに五か所に小さな突起がはっきり認められる。

この三ツ鳥居は、明神形式の鳥居の両側に、やや小型の脇鳥居が組合わされ、本柱二本、脇柱二本はいずれも丸柱の掘立式で、柱根の土中には、それぞれ東西に一本の根械（ねかせ）が設けられている。また本鳥居には厚板の内開式御扉が取り付けられ、石の唐居敷が据えられ、また両方の脇鳥居には扉がなく、瑞垣と同形式の透塀で塞《ふさ》がれており、まことに奇異な感をうける。文字通り独特の鳥居形式であり、通称三輪鳥居といわれる所以でもある。

いま、三ツ鳥居の主要寸法をあげると、

中央の間　八尺（約二・四二メートル）

高さ（敷石より笠木上端まで）　一五・三尺（約四・六二メートル）

両脇の間（柱真）　七尺（約二・一二メートル）
高さ（敷石上端より笠木上端まで）　九・一尺（約二・七メートル）
なお、この三ツ鳥居の扉には幔《とばり》がかけられ、その上に御簾《みす》が吊られているので、中央御扉はうかがうことができない。およそ他の神社であれば、大祭にはかならず御開扉の儀が行なわれる。当社では大祭式儀註に、御開扉・警蹕《けいひつ》一声と規定されているが、それは宮司、御簾を捲きあげることで、御扉は開かれない。

しかし後に詳記するように、年にただ一度だけ、元旦の午前一時から行なわれる繞道祭《にょうどうさい》（ご神火まつり）の時にのみ開かれるのである。

祇候せる瑞垣近く笹鳴ける　白茅

正中の三ツ鳥居を拝してその奥、禁足地の右側に、うっ蒼たる樹間にかろうじてうかがえる瓦葺の屋根、それが御神庫であり、文字通り当大神神社の御神宝の数々が納められている。

神　庫

桁行　四・二メートル　梁行　四メートル　高さ　四・五メートル
校倉《あぜくら》式に準じた板倉高床式の特別建造物である。明治十年に修復した記録が残っているだけで創建年月ははっきりしない。この建物に相対して（ちょうど、三つ鳥居奥の禁足地左側）明治初年神仏分離の行なわれるまで、大般若経蔵が建っていたことが記録されている。

神域中でもっとも神聖な禁足地に建てられていることに深い意義が偲ばれる。普通の宝物収蔵庫

勤　番　所

とは異なり、納められている宝物は、他の神社であればとうぜん本殿内に鎮祭されている御霊代《みたましろ》（ご神体）やご神宝であろうと思われる。

神饌所および勤番所

拝殿の左側渡廊下によって結ばれている二棟の建物、奥の渡廊下でつながる建物が神饌所であり、手前の渡廊下で結ばれているのが勤番所である。

神饌所は説明するまでもなく、大中小祭の諸祭典ごとに献る神饌をはじめ、朝御饌《あさみけ》、夕御饌《ゆうみけ》のほか、日々の団体参拝のさい供える神饌類一切が調理される清浄な建物である。

また、その奥の一部屋は、お供えの黒酒（濁酒）一石（一八〇・四リットル）が醸造される酒蔵である。現存のものは明治十一年四月の建造物である。これに並んで手前にある建物すなわち勤番所は、名称がはなはだ時代めいているが、事実、三輪ならではの施設でもあろうか。明治維新までは「社家の屋」という名称であった。

白木切妻入母屋造　桁行　一〇メートル、梁行　四メートル、高さ　五・二メートル

「勤番所《きんばんしょ》」というのは、日々、奉仕の神職が交代で御神前近くに詰めていたことから命名された

ものだが、今は参拝者が祭典参拝等大前に進む時、事前に心を鎮め身を整える控所となり「到着殿」として使用している。

従って従来旧勤番所で、参拝者と親しく応接し、御祈祷の願旨をうけたまわり、時には身の上相談等もし、あるいは神符守札の授与からお供え物の受付、また崇敬会・報本講等の受付応接業務は、先の平成の大造営を機に、新しく設けられた参集殿の総合受付所に移った。

祈祷殿

祈祷殿・儀式殿・参集殿　正面真ん中に祈祷殿、左に儀式殿、右に参集殿並一階部分が社頭参拝者の休憩所となっており、三輪山を背に建ち、平成九年五月に竣功した。

ふだん、拝殿左手の参集殿総合受付所から入り、ここで祈祷、参拝、お供え等を申し込まれると奥に案内される。十四畳の和室が四室並び、ここでご祈祷や参拝の順番を待つ。

次の祈祷殿は、広さ一六五坪で、上段板敷き四七坪の祝詞殿と、畳八十八帖の参列席からなり、周囲を幅二・

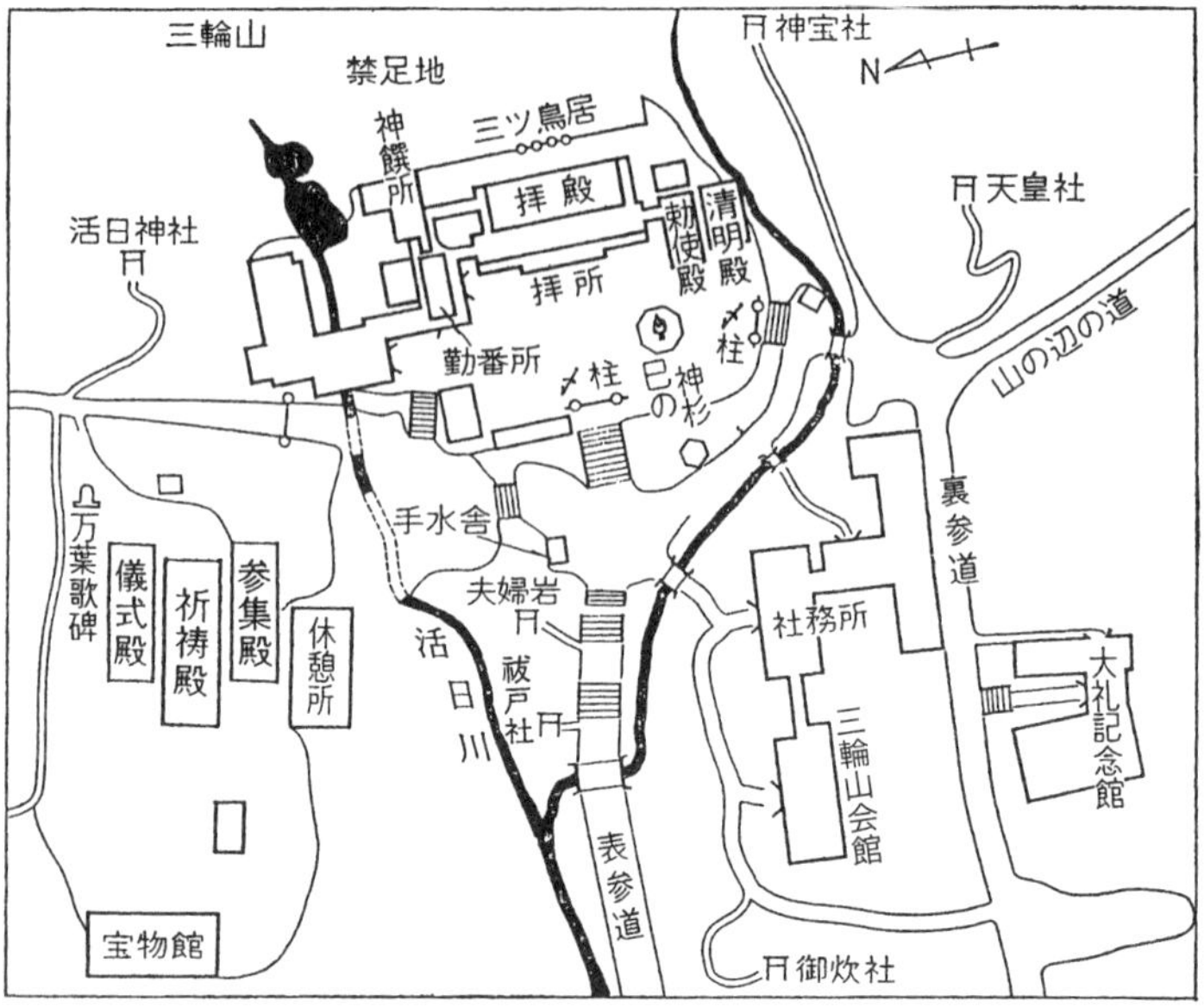

大神神社境内の主要建物配置図

五メートルの廻廊が巡らされている。

　儀式殿は、建坪四六坪からなり、結婚式でも六〇名余りの方々が参列出来るようになっている。

　いずれも建物は芳しい檜の香に満ちており、使用材はほとんどが台湾檜で、一部に国産の松・杉、その他に米ヒバ・米杉、祈祷殿の一番太い丸柱は、樹齢千五百年の原木を製材、木取りしたものが使用されている。

　総建築面積は一三四四平方メートルで、約八百立米《りゅうべい》の用材がこれに充てられた。

　全体として平安朝様式となり、現代に新築された社寺木造建築では他に類をみない大規模な建築物といわれている。

勅使殿　拝殿に向って右側、檜皮葺の建物が勅使殿である。ちょうど左側の到着殿（旧勤番所）と向い合っている。形式・構造がほぼ同じである。古くは勅使参向のさい、休憩所に当てられたものであるが、現在は参拝者が大祓詞《おおはらえのことば》を書写する「写典《しやてん》の間」として使用している。

清明殿　平成九年の拝殿の改修工事前までは、団体参拝や御祈祷を奉仕してきたが、先の平成の大造営の祈祷殿、儀式殿の完成を機に名称を「清明殿」と改め、現在は「ご神徳を奉戴して崇敬の誠をささげ健全な国民精神の高揚につとめ、広く社会の繁栄に寄与するとともに、あわせて講員相互の親睦をはかる」ことを目的とする、「講社」「崇敬会」の講の結集と組織の育成、また講関係の集会行事の開催等を主の業務とする事務所「清明殿」として利用している。

二　蛇と杉

巳の神杉

拝殿前、斎庭の右側に、玉垣でかこまれた二股の老杉を、巳《み》の神杉とよんでいる。燈籠が一対、お賽銭箱までが設けられて、その上には、いつもお供えの卵がのっているのが目につく。この杉は江戸時代の書に「雨降りの杉」と記入されている。杉を霊木としている三輪の信仰から「神杉」として神聖視されるのはとうぜんである。

この「雨降りの杉」の大木の根方にポッコリ穴があいており、いつの頃からか棲みついた蛇が、御祭神の化身とまで畏敬されるようになったものである。

倭迹迹日百襲姫

もともと、蛇を三輪の御神体とする信仰は古くからある。『日本書紀』崇神天皇紀に、大物主神と倭迹迹日百襲姫《やまとととひももそひめ》との説話が出てくる。姫は毎夜、通ってくる男性が、夜が明けると姿がないのをうらめしく思い、一度うるわしいあなたのお姿を見たいと願ったところ、男もそれはもっともなことだ、それでは明朝お前の櫛の笥の中を開けて見るがよかろう。しかし、わたしの姿を見てもけっして驚いてはいけないよと念を押した。

姫は不思議なことをいわれるものだと怪しみながらも、朝になって櫛笥を開けてみると、そこからはきれいな小さな蛇が現われた。姫は意外な出来ごとに気も動顚《てん》、途端に大声をあげてさわぎ立てた。すると蛇はたちまち輝くばかりの美丈夫の姿にもどり、あれだけ申しておいたのに自分に恥をかかせたと、天空をとんで御諸山《みもろ》指して還ってしまった。姫は泣き悲しんでついに箸で下腹部を突いて死んでしまう。その姫の墓が三輪山の西麓、箸中区にのこる箸の墓だという物語である。

雄略天皇と蛇と雷

また雄略天皇の七年（四六三）、天皇は少子部蜾蠃《ちいさこべのすがる》にたいして「三諸岳の神の姿を見たいが、お前は力持ちだから出かけて捉《とら》えて参れ」と申付けられた。蜾蠃は命ぜられるまま三輪山に登り、大きな蛇を捕えて帰り、天皇のご覧にいれた。天皇は斎戒もせずに（身も清めないで）それを見ようとされると、その雷《かみ》はとつぜん光り輝き、眼光もするどく変ってきたので、天皇は自らの眼をおおい、あわてて殿内へ逃げかくれられたという話がある。これらは、三輪の神が蛇だという物語である。

現代人の感覚からいっても、三輪山に相対したとき、山容はすぐれたむしろ女性的な感じさえするが、仔細に観察すると、全山、千古鉞《おの》をいれない欝蒼たる原始林で、谷また谷のひだが深く、何がひそんでいるかわからない無気味さを覚える。ましてや麓に住んだ古代人は、三輪山から流れ出る水で生活をたて、雨を乞い願うときは山に立ちのぼる水蒸気あるいは山頂の雨雲に神経を細かく使ったことであろうし、谷間に棲《す》む蛇を直観し、雷へと結びつき、後には中国の竜の影響で竜神の信仰へ発展したことは容易に考えられる。雄略天皇の見られた蛇は雷（かみ）であり、三輪山を雷、

箸墓（手前）と三輪山（左上）

岳と書くこともある。

巳さんは、水・雨・火・稲穂の信仰につながる。現在、巷間にくばられている私製の三輪のご神符に、三輪白竜大神と印刷あるいは墨書されたものが少くない。

蛇への畏怖と信仰

いったい、巳さん信仰は、古代の素朴な農耕民族の間に発生するのはごく自然なケースだが、巳さん信仰はそれだけではない。

いろいろの説はあるが、なかでも爬虫類冷血動物の全盛時代、人類の祖先たちが、戦々兢々《きょうきょう》として、かれらの怖るべき危害から身を護りつづけた長い間の恐怖感が、宿命的にわれわれ人間の血の中に残っているからという畏怖につながる信仰が大きい。

率直にいって、蛇を見た感じは誰しも気持のよいものではない。また蛇が蛙や鼠を襲うときなど、あの呪術的な不思議な偉力、たしかに無気味なものを持っている。人間の力でわかりかねるものにたいして昔から神性を認めてきたのが、自然崇拝なり動物崇拝の感情である。動物でも人間を化《ばか》す方は愛嬌があるが、呪うとかたたるとかいうものは始末が悪い。えたいのしれないもの、無気味なもの、嫌な眼、息を殺しているあの感じ、あるときの状景がいつまでも心の隅に印象づけられること、蛇や猫の祟りというのはこれだと説明する。

三輪神道と巳さん信仰

弘法大師の血統をつぎ、三輪流神道の本源相伝の阿刀弘文氏は、いつか、三輪流神道で説く巳さん信仰についてこのように説明された。

要約すると、爬虫類にたいする人類永遠のざんげである。人間の知恵は爬虫類の全盛時代を征服することに成功した。それは徹底した敵視感に終始し、かしゃくなき撲滅の歴史であった。いまは静かに贖罪《しょくざい》する感情が、現存する爬虫類を代表する蛇に向けられている。宗教として世界的なもの、人類共通の尊いものであると三輪流神道の考えをもらして下さった。

神杉にすむ巳

神杉にすむ巳《み》さんの話にもどろう。杉の木の穴に棲《す》みついているのは、長さ二《メートル》を越える青大将だが、とにかくきれいな体である。太陽の光線によって時には全身黄金に輝き、ときには真青にも変わる。

この巳さんたちは人を見てもけっして驚く様子がない。夏場などゆうゆうと谷川まで降りて行くことが多い。かと思うと参拝者のお供えした生卵を呑んでいく。

巳さんの信仰者にはとくに芸能人・飲食業の人が多い。願いの向きは心願成就ときいている。さらにくわしく説明をきくと、これとねらえばそれに向って直進する。尻尾をつかんで引っぱっても後へは退らないところとか、何でも呑みこんでしまうという姿が縁起が良いとか、穴から出たとき

巫女と巳の神杉

の形で吉凶をうらなう人、つまり真直ぐにじっとこちらを見つめているのが吉であるとか、人それぞれの見方、考えようがある。

一般の家庭でも青大将は家の主、屋敷の守りとしてあえてこれに害を加えないし、蛇もまた絶対に危害を加えない種類のものである。蛇獲りを商売とする人も、主《ぬし》蛇にだけは手を出さないジンクスが守られているという。私は、巳歳ながら巳さんのことにうといのでご教示に預りたいと思っている。

ただ、三輪の「巳の神杉」に関するかぎり、めずらしいから写真に撮って他人にも見せてやろう、巳さんのお姿を撮って神棚に上げようとすることは、避けられた方が良いと申上げておく。あえて撮りたい人には禁じているわけではないので自由だが、この頃のようにカメラを持った人が多くなると、知らずにほんとに素直な気持から撮影されては気の毒だと案ずるだけである。

というのは当社の賽銭箱《さいせんばこ》には、白紙に包まれた巳さんの写真が、何枚もいわば還納されてくる。また、巳さんの入ったフィルムが戻ってくることもある。買ってまだ新しいカメラそのものまでが、フィルムとともに納められていたこともある。調べてみると、いずれもきまったように家庭が乱されている。夫婦間の不和、家族に病人、死人が出たなどと訴えられる。このようなしだいであるが、ここでは実態を正直に申上げるだけに止めよう。

三輪山と巳さん

代々この里に住んでいる氏子の人たちは、現在どのように三輪と巳さんを受けとめているのであろうか。一口にいえば、それは素朴な農耕との結びつき信仰という原形をとどめているといえる。三輪山は九百九十九谷ある。あとひとつの谷は巳さんの谷として神さまが隠しておられると語りつがれている。また氏子にかぎって、お山の下草清掃奉仕が続いていた五十年ほど前までは、どこどこの谷で「横槌《よこづち》」を見た者がある、という話をしきりに聞かされたものである。「横槌」というのはちょうど頭の恰好が槌のような形をしたズングリとした蛇だという。私が昭和三十九年、二人の禰宜を連れてお山へ入ったとき、偶然この眼ではっきりと、めずらしい耳のある蛇に出会ったことがある。

三輪信仰の行者や、霊感者はかならずといってよいくらい、いろいろ怖しい蛇の姿に出会っている。現に白蛇や金色の蛇をもちまわっている行者もいる。

巳さんと現代の信仰

要するに三輪の霊木、神杉の大木の中に『古事記』『日本書紀』以来の巳さんが棲んでいることだけでも霊威の高い神の姿と見、あるいは三輪の神のお使いと手を合わせることに納得されるものがある。しかし巳さんだけが三輪さんと考え、大神神社のご神体は巳さんだけとして信仰するならば、曲解信仰である。現実には巳さんに手を合わせ、拝殿の前でお山に手をあわす信仰者の姿からは「巳さんは三輪さんの一部である」と解してよかろうと思う。

岸本英夫博士は「宗教体験は、当事者にとっての直接的な価値体験である。信仰の味わいとしてのものは、宗教者の心の奥だけに秘められたものである。第三者としての研究者が、これを直接に味わうことは出来ない」といわれる。巳さん信仰も信仰者の心的立場にあるのであり、大物主大神の信仰とともに、信仰者の日常生活の精神的な支えとしての役割を果している以上、たんに俗信仰として排斥することは、あまりにも狭義な解釈といえよう。

足立巻一氏は「三輪山は、古代人の信仰では、神が降臨し住みたもうた山であったが、山の憑《よ》り代《しろ》として超人間的な霊力をもつ蛇神への信仰を生んだ」といわれるが、三輪ではたしかに巳さん信仰の根強いものが見られる。

三輪の神杉

大神神社が明治四年、官幣大社に列せられた時の初代大宮司、久保季茲《すえしげ》氏の著述になる『大神神社御由来略記』によれば、

「三輪山のいただきなる高《こう》ノ宮《みや》は神殿なく神杉あり、大国主神、その杉に降り給ひ、その杉を神体とする」とある。

この説は明らかに次の天永二年（一一一一）のものと伝える『大神崇秘書』を出典とする。

「高宮、また、上宮と曰う、三輪山の峯、青垣山に在り。神殿無く、神杉有り、奥杉と称《い》う是なり。

『神名帳』に云う、大神坐日向神社《おおみわにますひむかい》一座一所、日本大国主命《やまと》なり。孝昭天皇の御宇、御鎮座なり。天皇元年四月何日（上卯）前夜半、峯の古大杉上に日輪の如き火気有り、光を放ち山を

照す。其暁、神天降り、宮女に託宣し謂ふ。我れは日本大国主命なり。いま此国に遷り来れり。山田の吉川比古に令して、我が広前に崇秘し奉る、云々」

また『大神分身類社鈔』にも、

「三輪上神社一座、日本大国主命、神体杉木、孝昭天皇御宇、此処に来臨」と、記されている。

御神体山の三輪山中の石は「いわくら」とされ、杉の木は神籬《ひもろぎ》とされる。いずれも神の降臨される聖石であり、霊木である。旧記に御神詠として載せられているのが有名な

淳朴《つくろは》ぬ　磐杉《いはき》を己《おの》が体《すがた》にて　像《かげ》
歎《はづか》しき御室《みむろ》山かな

である。

注連縄のはられた神木

衣懸《きぬかけ》の杉

つぎに三輪の神木の中でもとくに由緒の古い杉について紹介しよう。

「大己貴大神、又播磨国宍粟郡伊和村の里に於て造酒を始めて教へ、此里に妻神富都比売と号す。伊和大神を鎮め置き、神光照ニ海原一幸魂奇魂は大和国三諸に鎮り給へば、大国

御魂神と申し奉る。
扨て姫神、跡を慕ひ尋ねて河内の国迄お越し遊ばされ、河内国より毎朝毎朝通ひ、三輪大神を尋ね給ふ。大神御姿を見せ給はず。此処に杉の大樹有り。この木に着衣を掛け置き賜はば、猶も毎朝、その杉を目当として御通ひ相成るを以て、又も杉の木皮に禁止書を示し賜ふ。則ち神代の文字なり。（長さ三尺一寸、横一尺一寸七分）然るに姫神、猶も通ひ給ふに依て、大神御姿を隠し大蛇と見せ賜ひしかは、女神打驚き逃退くこと五拾丁西に下り、村屋弥の里に鎮り給ふ。是れ則ち村屋坐弥富都姫大神《むらやにますみほつひめのおおかみ》なり（現在、磯城郡田原本町蔵堂）。

彼れ是以て大神は大国御魂神と鎮り、世を治め顕露事《あらはにごと》を皇御孫命に依し奉り、御身には瑞の八尺勾玉を被ひて、寂然《しづか》に長く隠《かく》り賜へば、顕国御魂神と号し奉る。

扨てこの杉樹の由来後数千年を経て、人皇三十八代天智天皇の御宇、大宮内に悪人生れ、自ら天皇と呼ぶ。大職冠鎌足公を召給ひて事の由を謀給へば、鎌足公、昨夜夢に三諸山に神代の大杉在り。之に来りし姫神の怨める神の為す所ならむ。天皇勅して鎌足公を三輪に差向け給へば病癒給ふ」（後略、生島惣七氏所蔵文書）

さらに「衣懸け御神木の徳」という書には、
「此の尊き御神木の木片を取て禽獣・昆虫の災を祓ふ時、一二三四五六七八九十《ひふみよいむななやここのたり》と打叩きなば、直ちに本心本気に立返へるなり」

とある。

現在、衣懸の杉は、若宮のあたりと言い伝えるだけで、どこがどうとはっきりしたものが残っていないのが残念である。

印杉《しるしのすぎ》

大和名所図会に「印杉、三輪の山をたづね、又しるしの杉をよめる基は顕注密勘に見えたり」と書かれ、つぎの物語がある。

「昔、伊勢の国庵芸《あふき》郡に侍りける人、深山に入りて鹿を待ちける程に、風吹雨降、けしきたたならずして来ものあり。形黒くして長高し。眼は星のかがやくが如し。猟師これをねらうて一矢射当たり。矢を負ながらもそのもの走り逃つ。血のあとにつきて尋ねたるに、遙かなる山を少し離れて野中に塚あり。其中に隠れぬ。塚のまへに神女ありて猟師をまねきける。則弓に箭《や》をはげてすすみよれば、神女恐るるけしきもなくて、いふやう、汝が射たるものは此塚に年久しくすむ鬼なり。われ此鬼にとらはれて年来此塚にすめり。汝此鬼を射殺すべし、といえば、猟師そのとほり柴をかり塚の口に入て火を付て焼殺しけり。其後此神女を具して家にかへり相住こと三とせなるに、猟師富さかへて児ひとりを産しめたり。此男白地《あからさま》にあるき出けり。そのまに女うせぬ。泣かなしみて尋ね行けど行方をしらず。又児もうせぬ。いよいよ悲しむに、此女常にゐたりける所を見るに三輪の山もと杉立てる門とかき付たり。是によりて大和国に尋ね入て三輪の明神の社に参て此女にあふべきよしを祈ければ、社の御戸を開て見え給ふ。児も見えたり。此の男の志の切なる事を感じてともに誓ひて神になれり、と見えたり。これによりてその神の祭をば伊勢国あふぎの郡の人の行ふなり。それよりしるしの杉とは云ふなり。諺に曰、鬼に神とらるるとはこれなり」

と書かれているが、社務日誌の大正元年九月に「前日来ヨリ大雨之処、午前二時過ヨリ強風雨トナリ、同三時半庭前階段上印ノ杉一丈七尺及社務所ノ西側杉胴打、境内山林杉松三千余倒レ、云々」とある。しるしの杉は現在、手水舎の北側にその大きな古株が保存されている。

衣掛《ころもがけ》の杉

現在は正面石段の右側に覆屋が設けられ、その中に周り一〇《メートル》におよぶ巨大な古株がのこされている。この杉は『三輪神社独案内』にも出ている通り「玄賓僧都、衣を掛け玉う木」としてもっとも有名な杉である。

弘仁年中（九世紀）、僧都玄賓、幽二居此山一時、三輪明神、化レ人到二来庵地一、為二対談一、及二数度一。僧都問二誰名一此歌陰志一。僧都即知レ為二三輪明神一。余以謂当明神為二陽神一之明也。化二女人一有レ疑。或曰、陽神之荒魂者陰神也。若然大己貴命之荒魂化身歟。不レ可レ謂二当明神之御詠一也。

と『大三輪神三社鎮座次第』に出ている。「御詠」とは『古今集』にも読人しらずで収載する

我庵は三輪の山麓《もと》恋しくば
とふらひきませ杉立てる門

の歌である。『大三輪鎮座次第』の方でも「三輪明神の御詠也」としている。

謡曲の「三輪」はすなわちこれを典拠として作られている。そのあらましの筋は、

衣掛の杉

大和国三輪山の山陰に玄賓《げんぴん》という高僧が庵を結んで世を避け、ひたすら仏道の修行に明け暮れ、弘仁五年律師の位を授けられたが、「三輪川の清き流に洗いてし衣の袖は更にけがさじ」を示して、これを固く辞退する程であった。この僧都のもとへ毎夜、少女が仏に供える樒《しきみ》と閼伽《あか》の水を携えて訪ねて来る様になった。偶々秋の夜寒に僧都の衣を一重賜りたいと申し入れた。僧都は衣を与え、少女に向ってあなたの住居はどこかと訪ねると、その少女は「わが庵は三輪の山本恋しくば訪《とぶ》らひ来ませ杉立てる門」の歌を詠んで消え去った。僧都は不思議に思いながらも三輪明神の社頭へ来ると、大杉の枝に自分が与えた衣が掛っているのを見付けた。近よって見ると衣のつまに、金文字で「三つの輪は清く清きぞ唐衣来ると思ふな取ると思はじ」と書かれているので、なおも読み返えしていると三輪明神の御声がし、やがて女神の姿で現われたまい、三輪の尊い神話を語

能「三輪」

り、天の岩戸の神遊びをまなんで神楽を奏し、伊勢と三輪の神は一体分身であることを申されるのである。

「思へば伊勢と三輪の神、一体分身の御事、今更何と岩倉や、その関の戸の夜も明け、かく有難き夢のつげ、覚むるや名残なるらん、覚むるや名残なるらん」

と舞い納める。

玄賓僧都の衣掛けの杉は、いまも謡曲をやる人々になつかしい昔がたりをしてくれる。

余談であるが当神社の春の大神祭の翌日（毎年四月十日）には吉例の後宴能がとり行なわれるが、かならずこの「三輪」が各流交代で毎年奉納される。また亀岡市本町三輪神社の例祭には「三輪山」の山車が飾られるが、飾物は少女姿の三輪明神と杉の木であり、京都府の重文に指定されている。豪華ななかにも神韻の高い尊い御姿である。

由緒ある老杉も、安政四年（一八五七）七月二十四日、不思議にも、雨乞いの満願の夜、落雷によって地上四メートルほどのところから折れてしまった。その後大正六年（一九一七）三月、株の腐朽がひどく危険を伴うので、直径七尺二寸、太さ三丈三尺六寸の株を一旦掘り起し、現在のように保存されることとなったものである。

能舞台〆の中より春の蝶　白茅

二本杉《ふたもと》

古図を見ると、二本杉は現在の表参道手水舎の下、夫婦岩のある北側に立っていた。

享保年間の『大神神社覚書』に「一は太さ一丈七尺、一は一丈三尺」と記載されている。また、『三輪神社独案内』には、「一本は宝永年中に大風に而、西の方へ倒れ有也」と出ている。おそらく残っていたあとの一本と思われるのが、明治十四年（一八八一）九月十三日に倒れている。当時の社務日誌に、

大風ノタメ立木倒レ木、左ノ通リ
一、杉　二タ本杉　外五本
一、樫　　　　　　　一本
ア、ヲシムラクハ、二タ本杉ノ倒ルルコトヲ、
目通り囲一丈六尺、長拾四間、

と記録され、つづいて明治十九年十二月の三十日の日誌に、祓戸神社の御霊代鎮安の唐櫃、二本杉の古材をもって謹製せらると出ている。

このほかにも門杉、伐掛杉、飯杉、燈明杉、緒環杉《おだまき》（糸掛杉）など、それぞれに古いゆかしい物語をひめて、亭々と社頭にそびえていたことが古図にも明示されている。

また本社から南に綾椙《あやすぎ》の社が描かれている。三輪の巨大な七本杉の一つにも数えられていたが、

詳細な説明の欠けているのが惜しまれる。というのは神功皇后の三韓遠征に当り軍兵の集まりが思わしくなく、三輪の神を筑紫に勧請になり（現在、福岡県朝倉郡三輪町大己貴神社）祭られたところ、たちまち軍兵が聚ったとあるが（『日本書紀』）、綾椙の枝を皇后自ら箙《えびら》に差して渡海、帰還のとき、その綾椙を大地に差しもどされたのが、現、香椎宮楼門前の綾椙の老木という一連の由緒と関連するかもしれない。しいていえば、三輪から移された綾椙の社の小枝が、筑紫の香椎の神域に栄える姿でないかとさえ思いたくなるのである。

文学に扱われた三輪の杉はあまりにも多い。ここでは、「杉」を詠んだ歌を『万葉集』からだけあげておくことにする。

み幣《ぬさ》取り、神の祝《はふり》がいつく杉原　薪伐《たきぎこ》り　ほとほとしくに　手斧取らえぬ（巻七―一四〇三）

味酒を　三輪の祝が忌《いは》ふ杉　手触れし罪か　君に遇ひ難し（巻四―七一二）

みもろの神の神杉　夢にだに見むとすれども　寝《い》ねぬ夜ぞ多き（巻二―一五六）

二　三輪の祭り

このように古い歴史をもつ大神神社にはいろいろ昔ながらの祭りがある。代表的なものを紹介しよう。

［繞道祭《にょうどうさい》］（ご神火まつり）一月一日

繞道《にょうどう》は入道あるいは繞堂とも書かれ、御本社の祭典後、お山の麓にまつる摂末社を巡拝するので、古くは八所廻りまたは八社めぐりといっていた。

大松明づくり　昔から後夜《ごや》の神事として陰暦正月元旦、丑刻《うしのとき》に奉仕する例であったのが、現在は新正月元旦午前一時から執行されている。

大盛の年越そばをたてまつる　白茅

十二月に入ると、お山の枯れた松の樹で、先入道《さきにゅうどう》、後入道《あとにゅうどう》とよぶ大松明《たいまつ》づくりが始まる。古く昭和四十年までは、長さ八メートル、太さ（直径）六五センチのもの二本と、神饌松明とよばれる長さ

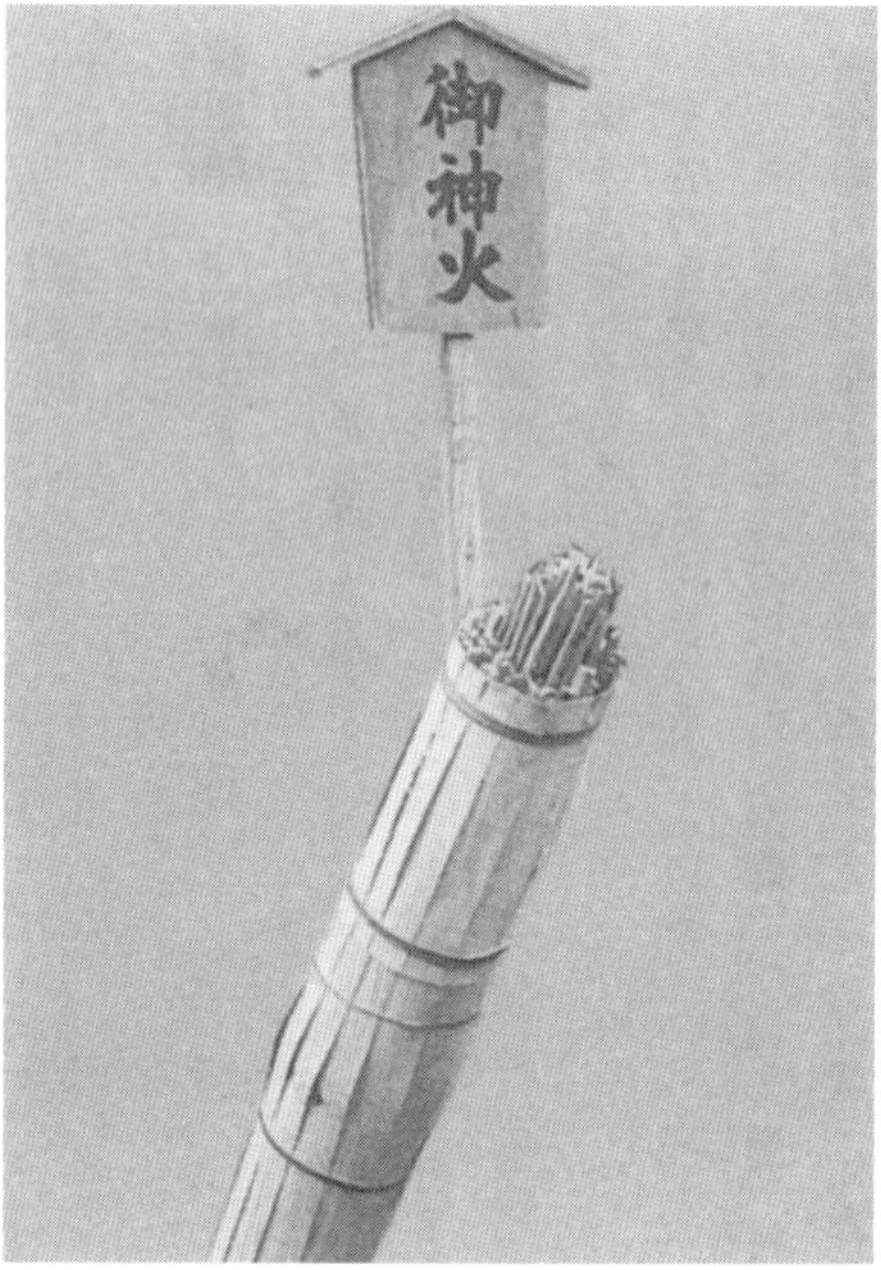

御神火松明

六メートル、太さ三〇センチの中松明一本と、他に長さ二メートルのもの六本を準備していたが、近年、防火防災を考慮し、長さ三メートル、太さ三〇センチのもの四本と、神饌松明とよばれる長さ二・一メートル、太さ二〇センチのもの二本、照明松明として、長さ一・五メートル、太さ一〇センチのものを百本調整して、十二月二十日の早旦からおこなわれる煤払《すすはらい》行事のあと、拝殿前両側に飾りつけられて、そのまま正月を待つ。

御神火拝戴式

さて十二月三十一日の夜、十一時三十分になると、宮司以下祭員六名で拝殿の裏、瑞垣《みずがき》南門より三ツ鳥居の奥、禁足地へと参入する。すでに舗設された祭場において御神火拝戴《はいたい》のため庭上の祭が斎行される。

御神火は古式に則り、火燧杵《ひきりぎね》と火燧臼を用いてきり出される。

まず献饌

御神火拝戴祝詞の奏上

玉串拝礼

この後、正十二時まで秒よみに移る。

とうとうと三十三打初太鼓　白茅

恵方とて東に向ひ初火鑽る　同

時刻拝殿の大太鼓が年男の手で打ち始められると、それを合図に、宮司はその年の恵方《えほう》に向い、うやうやしく御神火をきる。忌火《いみび》はただちに手燭《てしょく》六個にうつされて二つのぼんぼりに、それぞれ三つずつ納められる。一ノ禰宜、二ノ禰宜は、おのおのこのぼんぼりを捧持して、三ツ鳥居の奥、両側にある灯籠へ手燭各一を献じる。のこりの火はそのまま捧じ、宮司以下、瑞垣南門より退出。こんどは三ツ鳥居前の灯籠一対に、両禰宜進んで手燭を献じる。

すでに拝殿では元旦初祈禱が奉仕され、祈禱者が殿内を埋めている中で、関係なく神事はつづけられ、つぎに拝殿前に設けられた二か所の庭燎式の松明に最後の火をもって点火する。参拝者はこの拝殿前の小松明より新年の火を拝戴し、新春を寿《ことほ》ぎつつ帰っていく。

午前一時から始まる繞道祭をまたず、こうして拝殿前へ新火を出して、御神火拝戴を許すことは、近年新しく考え出されたことである。文字通り立錐の余地すらない、拝殿前の参拝者が、一度に殺到し、さきを争って新火をいただくという旧来の危険状態を少しでも緩和するため、昭和四十年より制定されたものである。

御神火まつり

大晦日は、どこの社寺でもみられるように、各交通機関は終夜フル運転をおこない、その中でもこの繞道祭への参拝者のためには、近鉄は臨時列車を大阪から増発し、JRもまた終夜運行で大阪湊町駅・和歌山駅・王寺駅・奈良駅から運行させ、さしもの参道も、人に押され押されて足を運んでいるという状態のお参りになる。

斎庭はもちろん、まわりの建物、拝殿向拝とぎっしり人で埋った午前一時から、宮司・権宮司以下の神職奉仕により繞道祭、現在一般に「御神火まつり」といいなれた年初最大の祭典がいよいよ始まる。

まず宮司の「由の祝詞」奏上が終ると、三ツ鳥居の御開扉が行なわれる(三ツ鳥居は年に一度、この祭の時のみ特別に開扉される)。ついで献饌・本祝詞のあと、一ノ禰宜、二ノ禰宜によって、先刻、拝戴祭によってきり出された忌火を、三ツ鳥居前で小松明にうつしとり、燃えさかる松明を捧じて拝殿正中を走り出て、拝殿前の先入道・後入道とよぶ大松明にあらためて点火する。

この一刻こそ照明は一斉に消され、いとも神厳な浄闇のベールの中へ、万象ことごとくが呑まれてしまう。

そして境内を埋めつくす参拝者に見守られながら大松明の火は大きくなっていく。大松明の燃える音とともに煙がたちこめ、木の燃えるにおいが辺りに充満する。五感にうったえる火の祭りは参拝者の心を高揚させ、三本の大松明が立てられた時のさまは、まことに壮観であり、この状景は、この祭に参拝して、じかにたしかめるよりほかはない。

点火された大松明

かつては参拝者が小松明や火縄を持参し、競いあって大松明の火を移したとされる。浄火を争っていただくことは古来の風習であり、移火の遅速によって、その年の吉凶が卜われるというわけで、自分の村へ一番にお火を持ちかえった若者は、その村の英雄としてたたえられ、米何俵とか、酒何本とかが贈られ祝福されてきたならわしがつづけられたという。

　こうして松明や火縄にうつされた火は、各自その火を打振りながら家路を急ぐ。この光景がまた絵であり詩でもある見事なもので、高台から眺めていると、真暗な大和平野に、あるいは太く、あるいは細く火の帯が幾筋も幾筋も描き出される。人々がいつの間にか古代にかえったような錯覚におちいるような光景を昔は見ることができたものである。

　めいめい家に持ち帰った御神火は、まず歳旦の神棚へおひかりとしてあげられ、雑煮を炊く豆がらにつけられる順序となる。家庭で使う火を、年の初にこうして大神様からいただき、やがて一家打ちそろって新年をお祝いするという昔ながらの床しいお祭である。

しかし、この伝統のお祭も、万一の危険を考え、神社と警備当局の話合いでしだいに規制されてきたことは否めない。例えば、松明の小形化や御神火の出る際の一瞬の浄闇も、拝殿のみ消燈すること、また参拝者の御神火拝戴も昭和四十四年から、従来の松明持込みを禁じ、各自は火縄で受けるようにと、祭典の様子も変貌しつつあるが、これもまた危険防止のためのやむなき処置で、地元の桜井警察署や消防署はもちろん、奈良県警察本部としても、機動隊まで繰り出して、もっともご苦労になる火の祭典である。

一方、御神火の出た拝殿の方では、繞道祭のお神楽が奏せられ、神事は順次終りに近づいていくが、御神火の点火された大松明は、大美和青年会の氏子青年たちによってかつがれ、祓主―神饌持ち二名―神饌松明―斎主―祭員―太鼓―先入道・後入道（大松明）―警備員―供奉者の順序で、摂末社巡拝へと人混みをかきわけかきわけ出発する。その時には氏子崇敬者が、それぞれ小松明をたずさえて供奉《ぐぶ》し、火のおわたりの奇観は日本最古の道「山の辺の道」を走る。

明治までは八社のみを巡《めぐ》っていたが、現在は十九社にふえている。一社ごとに御花餅という小判型のお餅をそなえ、斎主、祝詞を奏上、つづいて玉串拝礼を行いつつ、ようやく四時近くになって御本社へ帰還し、ここにめでたく繞道祭は終り、午前五時から改めて四方拝が執《と》り行なわれる。もちろん、宮司以下助勤奉仕の人たちまで一睡も許されず、そのまま初詣《もう》でに混雑する賽務にとりくむことになる。

〆太く年新たなる三輪の神　　白茅

ちなみに、この祭典奉仕に当っては、大晦日の午前十時、禰宜・権禰宜・神地係の三名により神山登拝の儀があり、御神火拝戴の火燧り具ほかの用具・神饌を、頂上の高宮《こうのみや》神社（高峯《こうのみね》）に供え、新火燧りの奉告祭が行なわれる。

十八社めぐりに出発

神事勤行日記（明和三年丙戌、一七六六）

正月大、元日、例年之通、後夜之神拝、天下泰平之御祈禱始、神主昌房東座之面々召連、相勉候事、左之通、

後夜前神前ヨリ久宝人山口弥太郎刻限宜敷由ニテ罷越、神主之松明ニ火ヲ付焼付ル。神主仕度仕一献之酒有之。次ニ弥太郎始供仕ル人々一献相済罷出ル。神主松明持ハ山口家ヨリ出之ス。則先エ松明、次ニ年男弥兵衛、名代仁兵衛御かし桶ヲ持、内ニ御花餅入牧　御かし桶小松明二たいク、リ付持。次ニ弥太郎祝詞御幣持。次ニ神主侍両人草履取一人召連レ、四ツ辻二ノ橋ヨリ下へ下リ楼門ヨリ入、御湯釜之前ニ松明置。神主弥太郎唐戸ヨリ入神拝仕ル。其間ニ東座之

面々松明ニ神主松明之火ヲ付ル。夫ヨリ三ツ鳥居ヨリ入、山口之神社ニテ弥太郎祝詞仕。夫ヨリ三ツ鳥居出、南之方へ廻リ、上之橋ヨリ神宝之神社ニテ御花餅上ケ、祝詞有之。御花餅ハ右京頂戴。夫ヨリ天皇御花餅上ケ祝詞勉。御花餅ハ則弥太郎頂戴。夫ヨリ大行神（事）之神社右之通。御花餅ハ神主方エ帰ル。夫ヨリ□エ帰リ、下之橋ヲ渡リ、楼門ノ下ヲ通リ、一夜酒之神社ニテ右之通。
夫ヨリ貴船之神社ニテ右之通。御花餅ハ神主方エ帰ル。夫ヨリ鎮目ノ神社（狭井神社ノ別称）ニテ右之通。御花餅ハ南氏頂戴。夫ヨリ檜原神社ニテ右之通。御花餅ハ神主方エ帰ル。夫ヨリ茅原村神之御前ニテ御幣ヲ納、若宮エ社参仕、銘々帰宅仕。夫ヨリ神主始、家内・弥太郎・松明持、皆々雑煮悦申候。朝五ツ過年始御礼拝賀。則刻若宮神社エ参詣惣番。

この神事勤行日記には、松明の大きさや参拝者の様子は記されていないが、高宮昌房神主が奉仕の頃の八所めぐり（八社繞りともいう）の様子がうかがわれる。

八所めぐりと十八社めぐり

このようにして御神火は昔は八社をまわり、今は十九社をまわる。名称は十八社めぐりのままであるが、その順序はつぎのとおりである。

繞道祭の十八社めぐり（数字は巡拝順を示す）

①神宝社―②天皇社―③日向神社―④大行事社―⑤活日神社―⑥磐座神社―
⑦狭井坐大神荒魂神社―⑧貴船神社―⑨檜原神社―⑩豊鍬入姫宮―⑪富士社―⑫厳島社―
⑬神御前神社―⑭綱越神社―⑮大直禰子神社―⑯久延彦神社（遙拝）―⑰琴平社―

⑱御誕生所社―⑲祓戸社

旧来の八社めぐり（数字は巡拝順を示す）

①山口神社―②神宝神社―③天皇社―④大行事社―⑤一夜酒神社（現活日神社）―⑥貴船神社―⑦鎮目神社（現狭井神社）―⑧檜原神社

［御田植祭］（おんだまつり）二月六日

正月初卯の日の祭り　この神事は年の初めに、年穀の豊穣を祈る祭典であることは他社と変りないが、しかし田植時期に実際に田植を奉仕するものではない。昔は正月初卯の日に執り行なってきたものを、現在は二月六日と定った日に毎年行う神事である。

あらかじめ白丁姿の田作り男と千早の装束を附けた早乙女が、拝殿向拝脇に伺候しており、宮司の祝詞奏上のあと、田作り男が立ち、向拝の間《ま》を神田と見立てて忌鍬・木の牛形・練り棒などを使って、台詞《せりふ》も面白く農耕の所作をし、苗代田の完成を待って、神職一が鍬と扇を手にして水口《みなくち》祭を勤め、終って御神前の籾種を権宮司撤下して御棚に置く。一ノ禰宜はこれを受けて田作り男に授ける。田作り男はこの籾種をこ脇に抱え、片手には扇子をひろげて禱りのことばを大声で唱い上げ、苗代《なわしろ》に籾を蒔く。ついで神職一は早乙女に向って田植にかかるよう命ずる。早乙女揃って帛《きぬ》の色襷を掛けて、田に入り苗松――松の小枝を束ねたもの――を早苗《さなえ》に擬《なぞら》え、巫女一の打つ太鼓に合わせて田植の行事を行ない、おわって両名の早乙女は其の場で鈴かぐらを舞う。

牛形で耕す田作り男

つづいて玉串拝礼をおえたのち、いよいよこの神事の本番ともいうべき籾種まきにうつる。

籾種まき

田作り男が籾種を摑んでは、参拝者の頭上へと振りまく。この日はちょうど豊年講大祭にもあたるので、拝殿から斎庭にかけ遠近の農家の方々が、ぎっしり集っている。なお豊年講全員には、別に籾種一袋ずつが授与され、社頭においても、この日一日中、希望者に特別授与をおこなう。籾種には神社の神饌田で収穫されたものを用いている。またこの苗松はお山の松の小枝を藁で束ねたものであるが、これを苗代田の水口に指しておくと虫害から護っていただき、豊穣をうると信仰せられている。

当社の御田植祭は「おんだまつり」とよぶように、春のはじめに行なわれるすこぶる趣のある古雅な祭である。

――おんだ行事覚――

宮司　祝詞を奏して後、御田植の儀を行う。
奉仕者　神職一名・巫女三名・田作男一名
神職・巫女・田作男が拝殿向拝南側に北面して候す。
一、まず神職立ちて御神前に拝礼后・巫女・田作男に向い、
神職「今日は最上吉日なれば急いでお田植を始めませ。」
巫女・田作男「かしこまって候」とおじぎをする。
二、田作男は立ちて神田になぞらえた向拝中央に進み出で、神前にうやうやしく拝礼してひかえる。
神職、斎鍬を御棚より取り、同じく田作男に授ける。

神職「鍬、始めさしましょう」

田作男「心得申して候」と斎鍬を受取り、畦草を削り畦捏《あぜこぬ》りするなどの状をなし、ついで牛形をとり出して牛使いの所作をする。

この間神職は立って見守っている。

田作男「サセイホーセ、チョウチョウチョウ、さあさあ行け行け、ホーセホーセ、チャット行け行け、チョウチョウチョウチョウチョウ、今年の牛は若牛ぢや、ようほたえる、ほたえる。」

いく度も倒しながら滑稽な身振りをしながら

「ヤイヤイ、そうゾウダンせずと早う歩け。……」

田作男牛追い中に随意に喋言《しゃべ》り参拝者を笑わせる。

ついで斎鍬および練り棒と取替え田均《なら》し、畝《うね》つくり、水口つくりなどを行う。

田作り男鍬で耕す

籾種撒きの口上

早乙女田植えの所作（いずれも御田植祭）

そして神職に一礼して控える。

三、神職「さらば水口祭仕えまつらん」

神職立ちて水口へ片膝をつき、

神職「参らせ候、参らせ候（水を汲みそそぐこと二回）。それ年の年号は良き年号を以て始まり、銀《しろがね》の花咲き金《こがね》の実成り開き、万物和合する時をもって敬《うやま》って白さく、春の種おろしは少なう候とも秋にもならば畝《せ》まちに千束《ぞく》、まちに万束たるべしとまつり納めん。」

権宮司が三宝にのせて神前に奉奠された籾種を御棚へうつす。一の禰宜これを田作男に授ける。田作男これを捧持して、

田作男「まこうよ、まこうよ、良い種まこうよ。白銀の種まこうよ。黄金の種まこうよ。若苗とるとておなごの手をとる。右をとるやら左をとるやら。京から下る藤室の稲はいね三把とやら、米八合。わが田に咲いた富草の花は、咲いたりや、咲いたりや、三輪へ参ろう。」

田作男「良い種まいて良い米取れよ。」唄いながら参拝者へ向ってバラッ〳〵と次々にまく。さらに「東八百、西八百合わせて千六百みかんじゅう」と云いつつ腰にさした扇をとって東西を指す。了って田作男自座に復す。神職立って巫女に向い、

「いかに早乙女、時うつって候えば、いざお田を植えられましょう。」

早乙女（二名）立ちて、両手に苗松を持ち、上位の巫女の打つ太鼓に合わせ、田植の仕儀を行う。

以上の儀註の通りであるが、祭典中には儀式として籾をまき、祭典が終了した後に、大々的に熱狂的な籾種まきを行うことにしている。

【鎮花祭《はなしずめのまつり》】（くすりまつり）四月十八日

くすりまつり

俗に「くすりまつり」といわれ、毎年四月十八日に御本社と、摂社狭井《さい》神社において執《と》り行なわれる重要なお祭である。

『令義解』の鎮花祭の条に「謂、大神・狭井二祭也。在二春花飛散之時一、疫神分散而行レ癘。為二其鎮遏一、必有二此祭一。故曰二鎮花一」とある。

昔は神祇官において、毎年三月吉日疫気を鎮遏《ちんあつ》するためにかならず行なわれた祭儀で、その起源は崇神天皇の頃、全国に疫病が流行した。御祭神大物主大神のお告げにより、神裔大田田根子を召して祭を行わせたところ、さしもの疫病も息《や》んだということから始まったものと伝えられる。

大三輪神社鎮座次第にも、

「祭礼事、鎮華祭者、式三月択レ日、於二神祇官一奉下敬中祭当社狭井社上也。当社行レ之。春華飛散之時、疫神分散而行レ癘。為二其鎮遏一必有二此祭一。故曰二鎮華祭一也。此祭自二大宝元年（七〇一）「而始矣。狭井社、大己貴命之荒玉也」
と書かれているように、かならず行わねばならないお祭ときびしく制定されている。また類聚三代格には、延暦二十年（八〇一）とくに官符をもって、この祭礼を闕怠《けったい》する者には、罰として中祓（科物二十二種）を科するという達しが出されている。

鎮花祭（特殊神饌を献る）

元宮内省掌典、星野輝興氏は、「御祭神大己貴神が現事・顕事を皇孫にお譲りになって、御躬《おんみ》の和魂を倭大物主櫛𤭖玉命と御命名あって、当三輪山に御鎮めになったのでありますが、大物主とは、目に見えない不思議な霊力・櫛𤭖玉は霊力掲焉《けちえん》の称、すなわち霊妙の神徳をあらわし給う神にましますことをお示しになったばかりでなく、倭と限定されたところに御当社が、大物主神の御本拠たることをがっちりとお示しになり、目に見えざる世界を御顧念遊ばされた神徳が仰ぎ奉られる。そこで大己貴神が、カクリゴトをヲサムと仰せられたカクリゴトは、幽冥界の御事をのみ申上げたと、きめつけるより、目に

特殊神饌「忍冬と百合根」

見えざる世界とひろく申されし御事とすることが、より妥当であると拝さねばならない。

なぜかといえば、これよりさき、高皇産霊尊は、皇孫に第一次の国譲り（これまでは出雲国造神賀詞の拝し方が足らぬため、大巳貴神の国譲りの前にこの事ありしを云わず）をされ、その子孫は代々皇孫に、鎮魂もって宝祚の万歳を祈りつつ、政界の中堅にあって御奉公をしていたが、大己貴神は国作りの際、療病の法を定めさせられた御神徳もあり、治国上、目に見えざる方向を思召され、その昔、御本拠たりし三輪山に和魂を鎮祭せられ、目に見えざる世界の安定をと御子等とともに、霊もって後の御奉公をされたのである。しかるに崇神天皇の御代、一般の神社にたいし、一般の祭祀を行わせられたが、目に見えない方面の祭祀に欠けるところがあったので、悪疫流行となり、ついに鎮華祭となった。しかも和魂だけではと、さらに荒魂（狭井神社、正しくは狭《さ》井《い》坐《にます》大神《おほみわの》荒魂《あらみたま》神社）をお加えになったと思い奉ると、神慮において容易ならざるものがあったことがうかがわれる。疫神・祟神《たたり》というと悪神のように拝する人があるけれども、それは考えのたらない間違というよりほかはない。なぜならば、やがてその神は、国家神とならせられておられるからである。疫神・祟神《たたり》は何らかのために、偉大なる霊力、掲焉たる霊験の現われに対して奉仕がそわず、ために治国上思わしからざることがあり、その反省をお求めの御事と拝せられる。例えば武内宿禰があかしをたてられる重大事に当り、世間では魔神のように思込んでいるマガツヒの神の前で行なわれたのである。それはマガツヒの神は、その実、極端に悪を忌み嫌ふ神であらせられた。この意味において、祟神とか何とか申上げる今宮・長等神社、ことに下・上両御霊社、天満宮には一般では解しえない曰くがあらせられたのである。ところが一度、その実際を顧み奉れば、そうでなかったそこには大きな重い深いものが厳存された。やがて国家神とならせられ、一般の祟神はいやが上にもその幅を広め、その深さを増して行く。ここに必有㆓此祭㆒の一字が星のように輝いているのである。のみならず春季の悪疫流行は、祟神天皇の御代だけでなく、過去・現在更に遠き将来にわたる必然事である」と申されている。

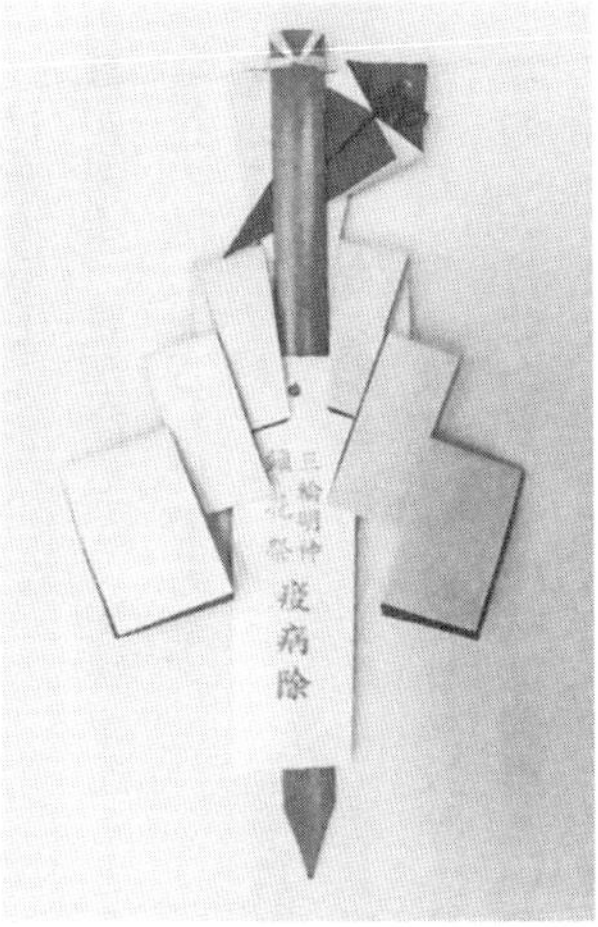

疫病除御幣

現行の鎮花祭は、中祭式によって行なわれている。神饌の中に百合根、忍冬《すひかづら》の薬草が献供される以外、特殊神事らしさは見当らない。むしろこの祭のうつしといわれる京都今宮のヤスラヒ祭、大津の長等神社の祭礼などが有名である。古い鎮花祭が、たまたまこれらの神社に残ったのであるといわれる。

『新拾遺和歌集』の神祇の歌に

のどかなる春の祭の花しづめ　風をさまれとな

は祈るらし

の歌がある。花が散ると、疫病が花とともに飛散するという考えから、花を散らすまいとするヤスラヒ花の祭となるわけである。

現在は、この鎮花祭を中心に、薬神講が結成され、大和の製薬業者、大阪道修町界隈の製薬会社、京都銅駝会などから二万点を越える薬品の奉納があり、当日は拝殿の御棚にこれらの薬品がうず高く積まれ、祭典後は、社会福祉施設等へ施薬を行ない喜ばれている。

なおこの日にかぎって疫病除御幣といって忍冬《にんどう》・ひかげのかづらを添えた紅白御幣が出され、忍冬を原料に醸造した薬酒「忍冬酒」が授与される。

また薬祖神の御神徳を広く一般信者の方々にもわかつため、十二月に入ると、社頭にお正月の屠《と》蘇《そ》が出される。これは例年十一月初に、薬学界の権威を招き、御神前で屠蘇調剤式を御奉仕願っているものである。医薬の祖神、くすしの大神様の御神威は、いやが上にもあがり、かくて鎮花祭も年々盛大に斎行されている。

狭井の宮めぐりて咲けるさ百合かな　　白茅

【三枝祭《さいくさのまつり》】（ゆりまつり）六月十七日

率川神社本殿三棟

ゆりまつりの由来

当社の摂末社四十二社の中では、一番遠い奈良市本子守町に御鎮座になる率川《いざがわ》神社（率川坐大神御子《いざがわにますおおみわのみこ》神社）の御例祭が、有名な三枝祭《さいぐさ》である。この三枝祭は通常「ゆりまつり」という。お祭の起源は大変古く、文武天皇の大宝年中（七〇一）となっている。御本社と狭井神社で執《と》り行なわれる鎮花祭と共に令《りょう》、式に記載されており、同様に疫病除けの祭儀である。

三枝祭というのは、三枝の花（笹ゆり）をもって罇《そん》・缶《ほとぎ》という酒樽《さかだる》を飾りお供え申上げるので、その名で呼ばれる。率川《いざがわ》神社の御祭神・媛蹈鞴五十鈴姫命《ひめたたらいすずひめのみこと》は、神武天皇の皇后になられるまで、三輪山の西の麓、狭井川の辺《ほとり》にお住居《すまい》になり、その附近には三枝、つまり、笹ゆりの花が美しく咲いていたことが伝えられている。このご縁故から、後世この御祭神の御霊《みたま》をお慰め申すのに酒樽に、とくに三輪山の笹ゆりの花を飾りつけお祭を行うようになったという説と、一方では鎮花祭の神饌、山ゆりの根・忍冬の蔓と同様に、笹ゆりは薬草であること、とくに百合科の中では一番薬効の高いことに深い意義があるとする説とがある。

三枝祭の次第

三枝祭は中古以来、鎮花祭とともに神祇官の重要な祭儀として行なわれたもので、醍醐天皇延喜の制によれば、毎歳孟夏三枝祭は神祇官の祭るところで、幣物は祝《はふり》につけて、日を選んでとり行なわれ、春二月、冬十一月各々上酉《かみのとり》の日の例祭には幣使を立て、馬寮《めりよう》よりは神馬《じんめ》二疋を奉られたほどである。

その後、いつしか祭儀が中絶していたのを、明治十四年(一八八一)五月に復古され、現行に及んでいる。特殊神事といわれるのは、いまもなお黒酒《くろき》(濁酒のこと)、白酒《しろき》(清酒のこと)の二種の酒を、罇《そん》(曲桶・黒酒を容れる)・缶《ほとぎ》(壺・白酒を容れる)にいれ、その周囲を簾のように、笹ゆり一本一本をていねいに編んだもので巻いて飾る。ゆりの花の強い芳香に包まれた罇・缶の中から、宮司みずから曲げものの杓で酒を汲みあげてお給仕申上げる。神饌案は黒《くろ》

「ほとぎ」「黒木の棚」「そん」(向って左より)

木《もじ》を編んでつくり、その上に調理された神饌を納めた折櫃が置かれるが、案上にのせたままで、神前の庭上にすえられ、ここではじめて柏の葉で編《あ》んだ折櫃の掩《おお》い蓋がとられる。この神社は御本殿が三座あるので（中央が御子神、左右御両親の神を祀る）、黒木の神饌案（これを御棚《みたな》と云っている）、神饌折櫃も三座分、献供される。

御ン鍵に応永とあり百合まつり　白茅

疫病除と百合

この疫病除と百合について渡辺武博士は専門的な立場からこう説明されている。

「ユリは和方でも、漢方でも、もっとも古くから頻用された薬物で、本草では神農本草経の昔から収載している。神社では、百合は疫病除の霊験があるときわめて低姿勢で、おまじない程度にしかその効を謳《うた》っていないようである。むしろ御祭神に因《ちな》んだ美花で、神様をお慰めするということに祭事の重点が置かれているように受けとれる。

元来、三輪明神に関係ある晩春四月（鎮花祭）、初夏六月（三枝祭）、盛夏七月（おんぱら祭）の三つのお祭が、いずれもその季節の疫病を予防するという、一貫した思想が主となっている以上、百合にもっと深い意義が見

そ　ん

宮司 御酒を献る

笹ゆりを手に神楽の奉奏

奈良の町を行く七媛女行列

出せないものであろうか。神農本草経に記す百合の薬能は「味甘平、毒無く、邪気腹張り心痛するを主治し、大小便を利し、中を補い気を益す」とあるように、邪気を払い、内臓の機能をよくし、排泄の滞りをなくし、しかも気血を補う強壮薬というのであるから、鎮花祭や三枝祭の主旨である病邪を追い払い、疫病を未然に防ぐという目的にもかなった薬物ということができる。これを薬方の面から見ると、東洋医学の原典ともいわれる金匱要略の第三篇に、百合孤惑陰陽毒病篇があり、百合病の病状とその治方について論じている。

わが国でも、百合が百合病の治療に応用された事実は、明治以前までの生薬市場の実情にも、本草書・漢方医書の文献にも見られるが、ここに古方の重要な薬物を論じた権威ある文献の一つである古方薬品考によると、ササユリの精細な図を掲げ、選品にまでふれ、ユリの中でも薬用には笹ユリを第一等とすることを記している。百合病とはどんな病気かといえば、それは他薬では治らず、

百合をもって始めて治せる病気の一群で、金匱の条文によれば、

「いつもぼんやりしていて、食物を欲しがったり、嫌ったり、食べておいしい時があるかと思うと、臭いをかぐのも嫌な時があり、臥て見たり、起きてみたり、何かしようとしても、することができなかったり、寒気がするかと思うと熱が出るようだったりして、口中が苦く、小便の色が赤くなったり、強い薬を使うと吐いたり下したりして、何か憑きものでもあるか、たたりでもあるような病気」とあり、一種の精神病やノイローゼのような病気で、現代医学の領域でも始末に負えないものである。こんな重症ではなくとも、気鬱症やさっぱりしない気分をさわやかな気分にし、だれた体をひきしめるといった効果を、六月の百合に求め、しかもこんな気分に心身ともになりやすい、若葉から梅雨の候に執《と》り行なわれるこの神事は、たとえ薬用部以外の花葉を用いているとしても、ユリをもってこれを象徴している点において、意義あるものと考える。けだるい欝陶しい雨の多い、したがって人集めのお祭には最も不適当な六月にあえて執り行なわれる季節的にもめずらしいこの祭典は、それだけに有意義な俗にいうお祭さわぎではない真摯《しんし》なものがあるようである」と。

なお、三枝祭における神饌は次のように配する。

三枝祭特殊神饌

黒酒《くろき》・白酒《しろき》・鯛《たい》・腊《かます》・堅節《なまぶし》・鰒《あわび》・烏賊《いか》・香魚《あゆ》・若布《わかめ》・牛蒡《ごぼう》・枇杷《びわ》・大根・餅・白蒸《しらむし》・勝栗・栢《かや》

三枝祭 特殊神饌

本殿３座

一三　笠縫邑《かさぬいのむら》の檜原

社伝と定説

昔から、繞道祭で御神火がお山の麓の摂末社八社を廻ったが、その八社の最後に廻るのが檜原《ひばら》神社であった。この三輪山の檜原（桜井市三輪山檜原）に、遠古から鎮座する大神《おおみわ》神社摂社（明治十年三月二十一日摂社に相定・内務卿達）、檜原神社は、第十代崇神天皇の御代六年に、はじめて皇祖天照大神（八咫鏡）を宮中からうつしてまつり、皇女豊鍬入姫命《とよすきいりひめのみこと》が奉侍せられた「倭笠縫邑《やまとのかさぬいのむら》」また「磯城神籬《しきひもろぎ》」の神蹟である。皇大神の伊勢御遷幸の後も、その跡を尊崇して、元伊勢の信仰を今日に伝えるものである。

とくに檜原神社は日原《ひばら》社とも書かれ、古くから社頭の規模など大神本社に準拠し、本社とは別個に一ノ鳥居、二ノ鳥居のある正参道はもちろん、禁足地神籬、三ツ鳥居、拝殿の制があり、はなはだ重んじられてきた。

『万葉集』には、この地をしばしば訪れた柿本人麿の詠んだ「古にありけむ人も、吾が如《ごと》か三輪の檜原にかざし折りけむ」の歌をはじめ、いつの世にも多くの秀れた歌がのこっている。

すぐ西方に打ち続くおよそ十万坪の檜原岡は、明治維新までは神体山三輪山のうちに属し、大和の国中《くんなか》を望む絶景の台地で、麓の箸中・芝《しば》（旧岩田）・茅原《ちはら》のあたりの古称がすなわち笠縫である。崇神天皇が八十万神《やそよろずの》を御親祭あそばされた「神浅茅原《かんあさぢはら》」もこの地、檜原・茅原と考証されている。

檜原神社（元伊勢）

当時この御親祭に参画された倭迹々日百襲姫《やまとととひももそひめの》命は、一名を倭迹速神浅茅原目妙姫《やまととはやかんあさぢはらまくはし》とたたえられ、いまも本社の摂社として茅原区内に神御前《かみのごぜん》神社として御鎮座になっている。この御社名も、『日本紀』では同姫命を三輪大神と神婚の「妻《みめ》」と申していることにゆかりがあろう。また著名なこの皇女の箸大墓は大字箸中にあり、指呼の間にある。この箸墓の東隣には斎宮、豊鍬入姫命の御墓とつたえるホケノ山古墳もあって、いずれも檜原岡の延長線上に位置し、寄りそっているといえよう。

そしてまた、箸中区・芝区にまつる国津神社社記によれば、神浅茅原の御親祭の時、出現された三輪大神の荒魂《あらみたま》神は、まさしく檜原において出現になったとして、いまにその分身を祭神とするが、この所伝も神主大賀茂氏の宮座の伝えとしてきわめて古い。

おもうに、崇神天皇六年に、三輪の檜原の現地に皇大神が御奉斎せられており、翌七年の神祇御親祭の儀も、とくに皇大神を中心とあそばされないわけはなく、この檜原岡が霊時《まつりのにわ》とされたと推量されていることで、神浅茅原すなわち檜原に出現された三輪大神の檜原祭行事が箸中区の人々に存続している。いわば千古に変りない三輪山、またその麓に温存されてきた遺跡には、動かすことのできないものがあり、口碑もこの土地柄を説明する以上に作為されたものはひとつもない。

笠縫邑《かさぬいのむら》　山の辺の道にほど近く平行して通っている上津街道筋の、ちょうど箸墓の東南角にあって、箸中と芝の境界の近くに道標「環緒塚《おだまき》」が建っている。その自然石には「天照大神鎮座の址、東七町許りに在り笠縫邑」と刻まれている。天保七年（一八三六）伊勢の御巫清直翁の建立にかかるものかと推定されるが、それ以前に三輪の地を訪れた谷口蕪村が、

三輪の田に頭巾着て居る案山子《かかし》哉

鶯や笠縫の里の里はづれ

と詠《よ》んでいるのは興味深く、近世まで三輪・笠縫の里名は道行く人にとっても親しいものであったことがわかる。

吉田東伍著『大日本地名辞書』には、笠縫を大字茅原とし、「笠の浅茅原」(神楽歌)は笠縫浅茅原の訛《なま》りと考え「今の茅原是のみ」と断定している。また「倭者彼彼茅原浅茅原云々」《やまとはそそ》(弘計《をけ》天皇の辞)によって「茅原と笠縫は二名一所たること明白なり」としている。『旧事記』に笠縫とあるのも参考になる。

『日本紀』神代巻には、大物主神の国避《くにさり》の際、とくに天上の勅諚をもって作笠者《かさぬい》を定められ、大神の祭祀をはじめられたことを明記する。これは注目すべきで、笠縫はもとから三輪大神に属して存在していたことが知られる。

檜原神社の顕彰

同床共殿にましました天照大神を、笠縫邑に御奉斎の重大事は日本歴史の上に一新紀元を画したものであり、しかもこの御霊跡を歴史教育の上で不分明として経過してきたことは遺憾であるとして、政府に陳情、速かに調査をなし史蹟指定を願いたいと、立ち上ったのは地元茅原の池田喜市郎翁であった。

昭和二年十月、笠縫邑顕彰会をつくり(発起人池田喜市郎・島岡卯造・吉岡誠一)、全国知名士あてに三万余通の趣意書をくばり、大方の賛同をえて、翌三年第五十五回議会において衆議院でこの建議の採択をみた。さらに運動は高まり、県を通して内務大臣、文部大臣、貴族院議長あてに陳情書を提出している。
こうしている中に支那事変の勃発、つづいて大東亜戦争に突入する事態となり、余儀なくこの件もなおざりにされる憂き目を見たが、さいわい熱心な学者によって継承され、神宮司庁の大西博士、地元出身の樋口博士らによって、研究調査は大成され、四十年の星霜を経て決定論が打ち出された。
この顕彰事業に併行して、大神神社においても努力を続けるうち、幸いにも伊勢神宮当局の支援をえて、檜原神社鳥居用材として第五十九回御遷宮後の内宮外玉垣東御門を賜った。ここに神宮造営局長角南隆氏の設計のもとで、古儀に復し、神宮古材を芯として多年失なわれていた三ツ鳥居の再建や、神域・瑞籬の整備などを行ない、昭和四十年十一月八日にめでたく竣工し、また三ツ鳥居の左側前面に、初代御杖代として、天照大御神を宮中からお遷しし、お仕えした、崇神天皇の皇女、豊鍬入姫命《とよすきいりひめの》をおまつりする「豊鍬入姫宮」を昭和六十一年に創建した。

檜原の祭り

檜原神社の年中行事としてはつぎのようなものがある。

檜原正言祭《しょうごん》（成人の日）

大字箸中の国津神社の宮座が奉仕するが、大賀茂氏が神主として檜原社を大本とした古い宮座の伝統神事で、左座と右座・敬神講があって、それぞれ十人衆を組織し、左右当家《とうや》も定められ、当日は正午、両座の人が大紋烏帽子を着用、大幣を奉持、両座の神饌唐櫃を荷《にな》ってそれぞれ当社に着到し、契幣、当家祝詞など威儀正しい祭である。

例祭（二月十五日）

本社神職四名が奉仕し、神楽「磯城の舞」が奉奏される。

神楽、磯　城　の　舞

檜原祭（八月二十八日）

大字芝・箸中の総氏子が参列して行なわれる恒例祭で、午後五時両村の神饌を神前に供え、本社神職二名が奉仕する。祭典後斎庭広場において、直会《なおらい》がにぎやかに行なわれる。

磯城の舞

ここでとくに申し上げたいのは「磯《し》城《き》の舞」である。笠縫邑に皇大神を奉斎のとき、宮人が終夜、宴を楽しんださまが偲《しの》ばれる歌である。

みやひとの、おほよすがらに、いざとほし、
ゆきのよろしも、おほよすがらに
きみがよの、ながつきこそは、うれしけれ、
けふすめがみを、まつりはじめて

第一首は明らかに『古語拾遺』所載のものである。

この「磯城の舞」の歌譜は、「崇神天皇の御宇、大和笠縫の里に初めて神宮奉祭の節、用ひられたる歌曲と謂ふ当家伝来歌譜」として、元宮内省楽長多忠朝氏が奥書をし、多《おおの》家の秘曲ゆえ他伝を禁じているが、とくに檜原神社に奉納されたものである。

一四　大神神社の摂末社

この檜原神社も三輪山の山麓にあり、大神神社の摂末社のひとつである。大神神社は、三五〇ヘクタール（約一〇〇万坪）の三輪山、周廻は一六キロ（約四里）という広大なお山なので、摂末社もお山の中をはじめほとんどが山麓に添って鎮祭されている。ただ摂社率川《いざがわ》神社のみはこの三輪の里を離れた奈良市内にある。

いまその神社名、鎮座地、御祭神、御例祭日を列記してみよう。

西面するお山にたいして、真西より拝殿まで一直線に突き当る様に、正面参道が設けられているので、便宜上参道を基準にして、南北に両分すると、

一、正面参道より北にある社

摂社　高宮《こうのみや》社　境内字神峯　日向御子神《ひむかいのみこのかみ》　四月九日

摂社　活日《いくひ》神社　境内字活日川　高橋活日命《のいくひのみこと》　四月四日

摂社　磐座《いわくら》神社　境内字大黒谷　少彦名神　十月十一日

摂社	狭井坐大神荒魂《さいにますおおみわのあらみたま》神社	境内字狭井	大神荒魂神　大物主命　媛蹈鞴五十鈴姫《ひめたたらいすずひめ》命　勢夜多々良姫《せやたたらひめ》命　事代主《ことしろぬし》神	四月十日
末社	市杵島姫神社	境内字鎮女池	市杵島姫命	十一月十日
末社	貴船神社	境内字尾尻	淤加美《おかみ》神	五月初卯日
摂社	檜原《ひばら》神社	境内字檜原	天照大神《の》若御魂《の》神　伊弉諾尊《いざなぎのみこと》　伊弉冊尊《いざなみのみこと》	二月十五日
末社	豊鍬入姫宮	境内字檜原	豊鍬入姫《とよすきいりひめの》命	十一月五日
末社	富士社	桜井市大字茅原《ちはら》字大日	木花咲耶姫《このはなのさくやひめの》命	十月五日
末社	厳島《いつくしま》社	同　右	市杵島姫《いちきしまひめの》命	
摂社	神御前《かみのごぜん》神社	桜井市大字茅原	倭迹迹日百襲姫《やまとととひももそひめ》命	十月五日
摂社	綱越《つなこし》神社	桜井市大字三輪小字御祓	祓戸《はらえど》大神	七月三十一日
摂社	大直禰子《おおたたねこ》神社	境内字若宮	大直禰命　少彦名命　活玉依姫《いくたまよりひめ》命	四月八日
末社	御誕生所社	大直禰子神社境内	鴨部美良姫命	九月十日
末社	琴平社	同　右	大物主神	
末社	久延彦《くえびこ》社	桜井市大字三輪字若宮山	久延毘古命	九月一日

末社　祓戸社　境内字御手洗川　瀬織津姫神　六月三十日
速秋津姫神　気吹戸主神
速佐須良姫神

二、正面参道より南にある社

末社　御炊社《みかしぎ》　桜井市大字三輪字高宮　御膳津神《みけつ》　五月九日
末社　神宝社《かむだから》　境内字大宮川上　家都御子神《けつみこの》　熊野夫須美神《くまのふすみの》　五月九日
御子速玉神《の》
末社　天皇社　境内字天王山　御真木入日子印恵命《みまきいりひこいにえの》（崇神天皇）　六月十三日
摂社　神座日向神社《みわにますひむかい》　桜井市大字三輪字　櫛御方命《くしみかたの》　飯肩巣見命《いいかたすみの》　建甕槌命《たけみかづちの》　五月九日
御子宮
末社　大行事社《だいぎようじ》　桜井市大字三輪字平等山　事代主神　加屋奈流美神　二月六日
八尋鰐《やひろわに》
末社　春日社　桜井市大字三輪小字平等山　武甕槌命　斎主命《いわいぬしの》　二月一日
天児屋根命《あめのこやねの》　比売神《ひめがみ》
末社　事比良社　境内字天王山　大物主神　九月十日
末社　稲荷社　事比良社境内　宇賀御魂神《うかのみたまの》　九月十日
末社　八阪社　境内字南天王山　素盞嗚命《すさのおの》　十月九日

末社　大峯社　八阪社境内　大山祇《おおやまずみの》命　十月九日
末社　賃長社　右同　磐長姫《いわながひめの》命
末社　金比羅社　右同　大物主命　五月九日
末社　金折《かなさき》社　境内字山崎　宇都志日金折《うつしひかなさくの》命　五月九日
末社　天宮社　境内字天宮松　天日方奇日方《あめひかたくしひかたの》命　五月九日
末社　神室社　境内字天峯　龗《おかみ》神　五月九日
末社　大峯社　境内字山上ケ原　大山祇命　五月九日
摂社　玉列《たまつら》神社　桜井市大字慈恩寺　玉列《たまつらの》王子《みこの》神　天照大御神　春日《かすがの》大神　十月十二日
末社　祓戸社　玉列神社境内　瀬織津姫・速秋津姫速佐須良姫　十月十二日
末社　金山彦社　玉列神社境内　金山彦神　十月十二日
末社　猿田彦社　玉列神社境内　佐田毘古《さたびこの》神　十月十二日
末社　愛宕《あたご》社　玉列神社境内　火産霊《ほむすびの》神　十月十二日

三、奈良市内にある社

摂社　率川坐大神御子《いざがわにますおおみわみこの》神社　奈良市本子守町　媛蹈鞴五十鈴姫《ひめたたらいすずひめの》命　玉櫛姫命　狭井《さいの》大神　六月十七日
摂社　率川阿波神社　率川神社境内　事代主神　六月十七日
末社　住吉社　率川神社境内　住吉《の》四柱の大神　六月十七日

末社　春日社　率川神社境内　　　　春日《かすが》四柱の大神　　　　六月十七日

これら数多くの摂末社の中でも主な摂社について、簡単に説明しておくことにしたい。

［摂社　**高宮《こうのみや》神社**］

三輪山の頂上、いわゆる高峯《こうのみね》（あるいは神峯とも書く）に鎮座、御祭神は大物主神の御子、日向御子神である。本殿は小さな池の中にあり、古来、旱魃《かんばつ》の時には郷中の氏子が登拝し、降雨を祈ればかならず霊験ありとされている。これは『日本霊異記』にも出ている雨を支配する竜神信仰が生き継がれているといえるが、神社の記録でも旱魃時は神職参籠の上、登拝して祈雨祭をおこなったことが度々見える。また元旦の繞道祭にさきがけて大晦日には神職が登拝し、御神火拝戴の儀がこの社で行なわれる。社殿の北やや東の方五〇《メートル》に壮大なる奥津磐座《おきついわくら》の聖域がある。

［摂社　**活日《いくひ》神社**］

御本社より左手、祈祷殿の東側、山麓の高台におまつりされている。崇神天皇の御代召されて大《おお》神《みわ》の掌酒《さかびと》となった高橋活日命を祭る。その当時、酒造り天下一の名人であったことにまちがいなく、杜氏《とうじ》さんとして、一番速く記録されている方であり、したがって酒屋さん、とりわけ酒づくりに取り組む杜氏さんたちの先祖とも仰がれ、いまも新酒の仕込みにかかる前、杜氏さん達が、丹波や丹後・但馬、北陸、中国筋から蔵入りをする前にはこの社に参拝し、また春もたけなわの頃ともなれば、無事百日勤めを終えてそれぞれ郷里へ帰る時、ふたたびお参りをされるのが習いになっている。

御祭神活日命は、大物主神のお告げにより、一夜で良質の神酒を造られたと伝えられ、古図にも活日社と記さず、一夜酒之社《いちやざけ》と書かれている。土地の人もまた、一夜酒さんとよんでいる。明治初期の頃までは、この社の近くに酒殿が建っており、醸酒の道具も保存されていたといわれる。

［摂社　**狭井坐大神荒魂神社**《さいにますおおみわのあらみたま》（**狭井神社**《さいさん》）］

御本社より左手、狭井神社参道がいわゆる山の辺の道でもある。もちろん山の辺の道も、神社境域内のため広い玉砂利の道となっているが、右側にお山が接したこの参道を、三〇〇㍍《メートル》ばかり行くと前面に鳥居が建ち鎮め池がひろがる。ここで山の辺の道と分れる。山の辺の道はそのまま池の西側を直進するが、狭井神社への砂利道はゆるく東へ曲る。ここまで来ればすでに道の正面には石段が見え、〆柱を通して狭井神社拝殿を仰ぐことができる。

この社は垂仁天皇の御代、渟名城稚姫命《ぬなきわかひめのみこと》が勅命を奉じて創祀したもので、古来、鎮花祭の執り行なわれる名社として由緒も深い。聖武天皇の天平二年（七三〇年）には神戸租稲三〇九束をもって祭料とし、平城天皇大同元年（八〇六年）には神封二戸をあて奉り、醍醐天皇の延喜の制には祈年祭の幣に鍬靫を加えて奉られている。

ふつうは狭井神社といわれているが、花鎮社《けちん》（華鎮社とも書く）ともいい、地元の人たちはシズミさんとよび馴れている。拝殿の後には渡り廊下と祝詞舎があり、その後に御本殿が建っている。

拝殿にそって左側奥へ廻ると、清水のこんこんと湧き出る井戸がある。この井戸こそ古くから「薬井戸」といい、お山から湧き出ているこの水を呑めば諸病から救われると、いまも病床にある

薬井戸

人のために汲んで帰る人が多い。そのほか狭井のお神水《こうずい》として酒屋さん、薬屋さん、お菓子屋さん、地元素麵屋さんなど、それぞれに製品のつくりはじめには必ずこのお水を欠かさずいただいて帰るという熱心な人たちや、茶の湯、書画などでも、大きな仕事を手がける時にはこの水をいただかれる人らが多い。また遠く丹波地方では旱魃の年になると、わざわざお百姓さんが参拝され、このお水を汲んで、氏神さんまで持ちかえるとかならず慈雨に恵まれるという伝習がつづいているのも、古い信仰を物語る好個のならわしであるといえる。

あらたかと土用の丑の泉汲む　白茅

毎年四月十八日には、御本社とこのお社で鎮花祭が現在も厳修されているが、神祇官の昔に、厳粛に

斎行されてきたこの祭も、いまでは完全に民間のお祭となり、いよいよ盛大に行なわれていることは、こよなく喜ばしいことである。

［摂社　檜原《ひばら》神社］

前に述べたように繞道祭《にょうどうさい》の大松明が十八社めぐりをする山の辺の道での社では、一番北の端に当るのが当社である。倭笠縫邑《やまとのかさぬいのむら》の伝承地で、伊勢神宮に天照大神をまつる前の元伊勢として、もっとも確度の高いことは、すでに大西源一博士、樋口清之博士の論証の通りであり、昔はなかなか社頭の結構もすぐれていたことが、古図によって想見される。

室町時代のものといわれる古図をひらくと、三輪山の中でも、檜原峯という峯を背景にし、御本殿を設けずに本社と同様、三ツ鳥居・拝殿を構え、石壇が設けられており、その前方左右にわかれて末社が祀られ、御供所《ごくしょ》などがある。二ノ鳥居もあり、さらには一ノ鳥居までが、本社一ノ鳥居と同線上、上津街道近くに建っていたことが示されている。長い星霜の間には、幾度かの改変があったことは考えられるが、ついに寛政年間（一七八九―一八〇〇年）の大風によって建物は倒壊し、その後は復興もなされず、昭和になるまで、わずかに残った礎石、石壇・二基の燈籠のみで諸祭典は続けられてきた。しかし前章で述べたように、やがて四十年十一月八日、朝野崇敬の誠心はみのり、神域の整備、三ツ鳥居の復建などが行なわれ、昭和六十一年十一月には、初代御杖代として、天照大御神を宮中からお遷しお仕えした豊鍬入姫命の社殿を創建し、今日見る立派なご神域が再興されたわけである。

［摂社　**玉列神社**《たまつら》］

近鉄朝倉駅から真北にあたる三輪山へ向って〇・六キロ、突き当りの山麓におまつりされている。この社は、延喜式内社でもある古社で、大神祭の当日は幣料として、緋帛一丈五尺を奉られる例となっていた。別称を玉椿大明神とも申上げ、もとは鎮座地の大字慈恩寺の氏神として尊崇をあつめていたのが、明治十年（一八七七）、村社から大神神社摂社に定められた。とくに御本殿裏の三輪山の金色に輝く砂は、商売繁昌に一入《ひとしお》霊験ありといわれ、京阪神、東海地方よりの参拝者も多い。

玉列神社本殿

［摂社　**神御前神社**《かみのごぜん》］

三輪山の西にひろがる山裾《やますそ》の里を茅原《ちはら》という。記紀が神浅茅原《かんあさちはら》と伝えるのはこの地を指すといわれる。この大字の南入口に近く、ちょうどお山の正面を背

神御前神社

景にして建てられている神社が、この社で、倭迹迹《やまとと と》日百襲姫命《ひももそひめ》をおまつりしている。

　命は、孝霊天皇の皇女であらせられ、崇神天皇の御代、大物主大神の御神託を受けて大神祭を斎行した御功労もあり、有名な箸墓伝説の女性でもあられ、邪馬台国大和説の焦点にもあげられる御祭神である。これについては、先年、加藤義年氏の著『倭迹迹日百襲媛』全五〇巻にのぼる、膨大な考証資料も奉納されている。

　箸墓は、大市墓《おおいちの》ともいわれ、この茅原区よりさらに西につづく箸中区に現存し、昼は人間が、夜は神々が大坂山（現在の二上山）から巨石を運び、このお墓ができ上ったと『日本書紀』が伝える前方後円墳の陵墓である。

　繞道祭も、八社のみを廻っていた頃は、ここ神御前神社にて御幣を納めていることが、明和三年（一七六六）の『神事勤行日記』に記録されている。

〔摂社　**大直禰子神社**《おおたたねこ》**（若宮）**〕

本社の二の鳥居に向って左（北方）を見ると百《メー》《トル》ほどのところ、突当りに、御鎮座になる神社である。普通「若宮さん」とよぶ方がわかりやすい。石段の右に残る杉の古株が、伝説緒環杉《おだまきすぎ》といわれている。

御祭神は、大物主神の神裔として、第十代崇神天皇の御代、和泉国陶邑《すえのむら》より召されて神主となられた大田田根子命を主神に、少彦名神・活玉依姫命が配祀されている。

若宮（大直禰子神社）**神幸祭**

社記によると、第十三代成務天皇の御代、大三輪君《の》大友主が霊夢によって創祀したと伝えている。

この社の御本殿様式には誰しもまず奇異の感を受ける。というのは、この建物は鎌倉時代、弘安八年（一二八五）に再建されたもので、重文にも指定されているが、もともと、明治の神仏分離までは、神宮寺の大御輪寺御本堂であったからである。安置されていた御本尊は、天平時代の傑作として新

若宮出生のご神蹟・
末社御誕生所社（若宮社境内）

国宝にも指定されている有名な十一面観音菩薩であった。排仏毀釈《はいぶつきしゃく》の結果、桜井市下区の聖林《しょうりん》寺へ遷《うつ》っている。また法隆寺にある弘仁期の地蔵菩薩も、その時ここから遷されたものであるという。

　そもそも大御輪寺は、奈良朝の頃、全国の大社につぎつぎと神宮寺が建立された時期に、三輪の神宮寺として「大神寺」が創建されたのに起るとも考えられる。一伝では、持統朝の忠臣大神高市麿が、その家を捨てて、大神寺としたという。鎌倉時代になって、南都西大寺の叡尊上人が、寺号を「大御輪寺」と改めたと「大和名勝志」に記されている。

　ここで「三輪大明神縁起」に出てくる一つの物語を紹介しよう。

　それによると、大御輪寺は垂仁天皇九十九年の草創にかかり、武一原大納言の娘に三輪の明神が通われ、神子を生んだ。この大納言が自分の住む家を、お寺風につくりかえたのが、この大御輪寺の始めだというのである。ところが、その神子は生れて七日目に母を亡くし、その後は、来る日も来る日も母恋しさの日を重ねるうち、ある日、悲しさのあまり邸内の石の上に泣き臥《ふ》していると、突然三輪明神が現われて、母の形見を与え給うたのでようやく悲しみも薄れ、それからは父なる神のいます御本社へお参りするのを唯一の慰めとして暮らしていた。十歳の折、大御輪寺の寺内の一室に閉じ籠ったままでふたたび姿を見せなくなった。のちに聖徳太子が御参詣になり、御戸を開かれると、尊くも十一面観音菩薩像に生身入定《しょうじみにゅうじょう》されていたという話である。

若宮神幸祭　神輿

また『三輪流神道深秘鈔』では、十一面観音を活玉依姫さまと伝えている。お生れになったとき、その御背に「正一位大明神勲一等大物主」の金字が輝いていたという。

生身入定の説話についてさらに興味をひくのは、天文二十二年（一五五三）二月、三条西公条の「吉野詣記」の日記である。

それを見ると「二十八日柳本太師にまゐりて、あなし川を渡り、檜原・大御輪寺にまゐりたりしに、寺のさまうるはしく、よのつねのつくりざまにあらず、くさびなどいふものも用ひず造れるさま、ものがたりせり。かたはらにみわ明神の王子の入定の所あり。王子宝殿に閉じ入らせ給ひし時の両足のあと、顕然としてあり。錦にて覆あり。開きて見るにその跡、聊かふみちがへたり。顕当を表し給ひしよし神秘などかたれり殊勝のことどもなり」と書かれている。先年、西田長男博士が、この話を柳田国男先生より聞いたと、ここの床板を調べられたことなどもある。

現在は大田田根子命が本来の御祭神としてまつられるが、神仏習合によりいろいろな伝説を生み、中世以来、庶民の深い信仰が集中したところである。

なお、四月九日に執《と》り行なわれる大神神社の御例祭、春の大神祭の神輿の渡御は、この若宮社の神幸祭であるところなど、他社と趣を異にするものである。

渡御の列ととのひて行く花の下　白茅

［摂社　**綱越《つなこし》神社（御祓《おんぱらさん》神社）**］

大神神社の馬場先、一ノ鳥居にすすむ正参道入口に位置する綱越神社は、祓戸の大神をまつる由緒ぶかい社で、その名は古く延喜式神名帳に見え、すでに貞観元年（八五九）正月神位を贈られている。

鎮座地は三輪川（初瀬川）に近く、いわば大三輪の祓殿《はらえど》というべき千古の神域で、樹令幾百年ともしれないセンダンの巨樹二株があり、こんもりと清い森を成している。

もと夏越《なごし》ノ社ともとなえ、旧六月晦日の大祓、すなわち夏越祓《なごしのはらえ》が厳粛に行なわれる古社として広く世に知られる。社名綱越はこの夏越《なごし》から転訛したとも考えられるが、またこの祓にちなんで〝御祓神社《おんぱらさん》〟とよばれているのはもっとも適切な口碑伝承といえよう。

綱越神社の茅の輪くぐり

現今は七月三十日宵宮祭、三十一日例祭である御祓祭（おんぱらまつり）が執り行なわれ、大神郷中のすべての氏子はもちろん、遠近から人々が人形《ひとがた》を持って参り、茅ノ輪《ちわ》くぐりをして祓をうける慣習はむかしからさかんで、二日間とも大変な賑わいである。——その人形はやがて三輪大橋から三輪川へと流しやられる。

本社、大神神社のもっとも重い「卯ノ日神事」、つまり大神祭《おおみわさい》の奉仕に先立ってその前日、神主以下奉仕員がかならず当綱越神社にいき、三輪川での「垢離《こり》とり」のうえ、当神社において祓の儀があって、はじめて本社の神事にたずさわることができた。また、御祓祭には牽馬《けんば》の古式があり、大祓詞奏上中は御祓所の周囲を引き廻している。その駒繋松《こまつなぎのまつ》の地名が残っている。

［摂社　**率川《いざがわ》坐《にます》大神《おおみわ》御子《みこの》神社（率川神社）**］　鎮座地　奈良市本子守《ほんこもり》町

御祭神は、中殿に御子神・媛蹈鞴五十鈴姫命、左殿（向って右）に母神・玉櫛姫命、右殿（向って左）に父神・狭井大神をまつる春日造の三殿が（県重文指定）南面して鎮座になっている。当社の御例祭が有名な「ゆりまつり」正しくは「三枝祭《さいくさのまつり》」として、六月十七日に執り行なわれることは前に述べたとおりである。

この社は、推古天皇（五九三）元年、大三輪の君、白堤が勅命によって、この率川のほとりに創祀したのである。じつに平城宮遷都より百十七年も以前のことであるが、当初は五十鈴姫命一殿のみであったのを、養老元年（七一七）に三輪におわすご両親の神さまをお迎え申して三殿になったもので、ちょうどご鎮座の様子からうかがっても、子供を真ん中にして左右からご両親が、いとしいわが子を守っておられる形なので、昔から「子守の明神」と親しまれ、鎮座地の名も本子守《ほんこもり》町といわれる。

率川御子守神社御本縁によれば、「当社は添上《そえかみ》郡の一ノ宮として『境内は広大、茂林欝々たり』と記され、ご造営に関しては、宝亀二年（七七二）冬月藤原是公、三座を造営し、治承四年（一一八〇）十二月に回禄、上古より二十一年をもって春日社造営の時、ともにこの御子守宮殿を造営あり、例に違わず。ゆえに神宮荘厳美麗なり」とあり、また、「天文年中以降衰微におよび歳々俗家神地を犯し奪い、あるいは寺院に変じて今僅かに存す。」と書かれ、宝永四年（一七〇七）三月十一日三条町酒家の出火あり、御神体、神宝の類を御動座申上ぐるも類焼を免れ御帰座。その後、享保十五年（一七三〇）十月十六日修理が記録されている。現在の社殿は文久二年（一八六二）造替と明細帖に記されているものであるが、昔の構造、形式を伝えるものとして県重文に指定されている。

さて、ご祭神の五十鈴姫命は、三輪山の麓、狭井川のほとり、現在、出雲屋敷とよんでいる土地にお住居があり、神武天皇さまと、この地でお出会いになり、初代皇后となられた方であられる。

したがって、当社の信仰は日常の生活守護の御神徳のほか、とくに安産・育児・家庭円満の神として、女性の信仰の中心となっている。

率川阿波神社（中央）

［摂社　**率川阿波神社**］

奈良市本子守町の率川神社境内に御鎮座になっている。

御祭神は「阿波えびすさん」と一般からも親しまれているとおり、阿波の国からこられた事代主《ことしろぬし》神というわけである。それについてこんな社伝がある。

当社の創祀は、光仁天皇の宝亀年中（七七〇―七八〇）で藤原是公が夢のお告げによっておまつり申したといわれる。事代主神が阿波にいます時には、布都主《ふつぬしの》神ともどもにまつられていたが、奈良に春日大社が創建され、布都主神はそこに勧請されることになった。その折、えびすさんも一緒に鳴戸の海を渡り、この地まで同行してこられたが、布都主神が春日におさまり、あとは独りぼっちにとりのこされてしまい、どうしても奈良率川《いざがわ》のほとりに棲《す》みつきたいと、是公の夢の中で訴えられたのがおまつりの始であるという。是公は早速神地を卜し、率川に近い、現在の奈良市西城戸町に社を創建したと伝えている。「延喜式」にも登載される古社で、仁寿二年十一月（八五二）には従五位下を授けたまうと文徳実録に見えている。

当初は広大な神域をもち、少くとも江戸中期の頃までは社殿も立派であったと想像されるが、火災にもかかり、社殿も廃滅に瀕し、境内地も逐次附近の民家に蚕食《さんしょく》され、大正初年には一叢《いっそう》の木立の中に小祠を残すのみと記録されている。しかし近隣の住民は、その小祠の周りの樹木を切損したり、石を踏みつけるとたちまちきつい祟りがあったので、誰かれなく毎日のおひかりと御供をつづけていたといわれる。

大正九年（一九二〇）、現在の率川神社境内に遷座し、再興されたのである。もっともこの社は、旧地、鎮座の頃から率川若宮とも、三枝御子神ともいわれていた。

その後は毎年正月五日、初えびす祭が行なわれ、吉兆の福笹が授与され賑わうようになったことは何より同慶のきわみである。

一五　纒向《まきむく》遺跡と三輪山

纒向遺跡の史跡指定　平成十八年（二〇〇六）の「纒向古墳群」の史跡指定に続き、平成二十五年（二〇一三）に大型建物遺構を含む「纒向遺跡」が国の史跡に指定された。

纒向遺跡は三世紀初めから三輪山北西麓に突如出現し四世紀初めまで営まれた、当時としては他に類を見ない大規模な集落跡で、これまでに建物跡、祭祀土坑、運河のような大規模な溝が見つかっている。平成二十一年には三世紀前半の三棟の建物遺構が発見され、建物が正しく東西に中心軸をそろえていること、一番大きな建物がその時代では最大の床面積を有していることなどから世間の注目を浴びた。

この遺跡の大きな特徴は東海をはじめ南関東から北部九州までの広範囲からもたらされた土器の出土率がずば抜けて高いことである。農耕具もほとんど見つからず農耕が営まれた形跡がないことから、各地の人々が集まる都市的な集落であったと類推されている。また、箸墓古墳などの出現期の古墳が多数存在し、大和朝廷とのかかわりが考えられ、わが国の古代国家形成を考える上で重要な遺跡である。

そして大和朝廷の黎明に纒向遺跡を据えて考えた時に忘れてはならないのは第十代から第十二代の天皇の皇居がこの三輪山麓に伝承されていることである。記紀の記すところでは第十代崇神天皇の皇居が「師木水垣（磯城瑞籬）宮」、垂仁天皇が「師木玉垣（纒向珠城）宮」、景行天皇は「纒向日代宮」とされる。纒向遺跡の大型建物群の発見はこれらの伝承に初めて現実味を帯びさせるものとなったのである。

箸墓古墳

纒向遺跡の中で注目されるのが大型前方後円墳の箸墓古墳で、最古の前方後円墳と言われている。纒向遺跡を邪馬台国の有力な候補地とする論説からは箸墓古墳の被葬者を倭国の女王にあてることもある。定型化する前方後円墳の出現期にあって、この箸墓古墳をもって古墳時代が始まるとも言われるために、築造年代を遡らせると弥生時代と古墳時代の時代区分にもかかわってくる重要な古墳である。

箸墓古墳は第八代孝霊天皇の皇女倭迹迹日百襲姫命の「大市《おおいち》墓」とされ、現在は宮内庁書陵部が管理しておられる。（大市は『和名抄』に「於保以知郷」と記される地名で大きな市場を指すとされる。纒向遺跡から「大市」と墨書された平安時代の土器も出土している。）

倭迹迹日百襲姫命は先にも（十一　蛇と杉）述べたが、大物主神の妻となられる神婚説話が『日本書紀』に記されており、神懸かりや夢の占いによって神意を伝える巫女として崇神天皇のまつりごとを輔佐された。

崇神天皇の御代に疫病が大流行し、国民の半ばが亡くなるという国難に際して、神意を占うために、天皇は神浅茅原に行幸され八百万神を招ぎ奉ったところ、大物主神が倭迹迹日百襲姫命に神懸かり託宣され、国難を救う端緒となったことが『日本書紀』に記されている。

神社の北西、三輪山の一つの稜線がのびるところに茅原という字があり、この地が神浅茅原とされ、集落内には倭迹迹日百襲姫命を祀る大神神社の摂社神御前神社が鎮座している。この神社の東には三輪山が眼前に迫り、まことに神占いの祭場にふさわしいところで、西方を顧みれば百襲姫命の大市墓（箸墓古墳）を望むことができる。

百襲姫命の箸墓伝承では墓を昼は人が作り夜は神が作る、そして大坂山（二上山）の石を人々が手渡しに運んで墓に使ったと語られ、古墳の築造にかかわる伝承は珍しい。三輪山の大物主神と深くかかわり、数々の伝承に彩られる倭迹迹日百襲姫命はまさに最高位の巫女として称えられるべき存在であろう。

東西に並ぶ三棟の建物

平成二十一年に発見された三世紀前半の三棟の建物遺構は、東西方向に軸線をそろえて一列に並んでいる。中心線を揃えた宮殿遺構は飛鳥時代の宮殿跡まで発見されておらず、この遺跡が当時としては別格の存在であることがわかる。

この建物の復元模型が桜井市埋蔵文化財センターに展示されているが、復元模型を設計された建築学の黒田龍二博士は大型建物（図面・建物D）とその西の棟持柱を持つ建物（図面・建物C）に関して興味ある説を述べておられる。

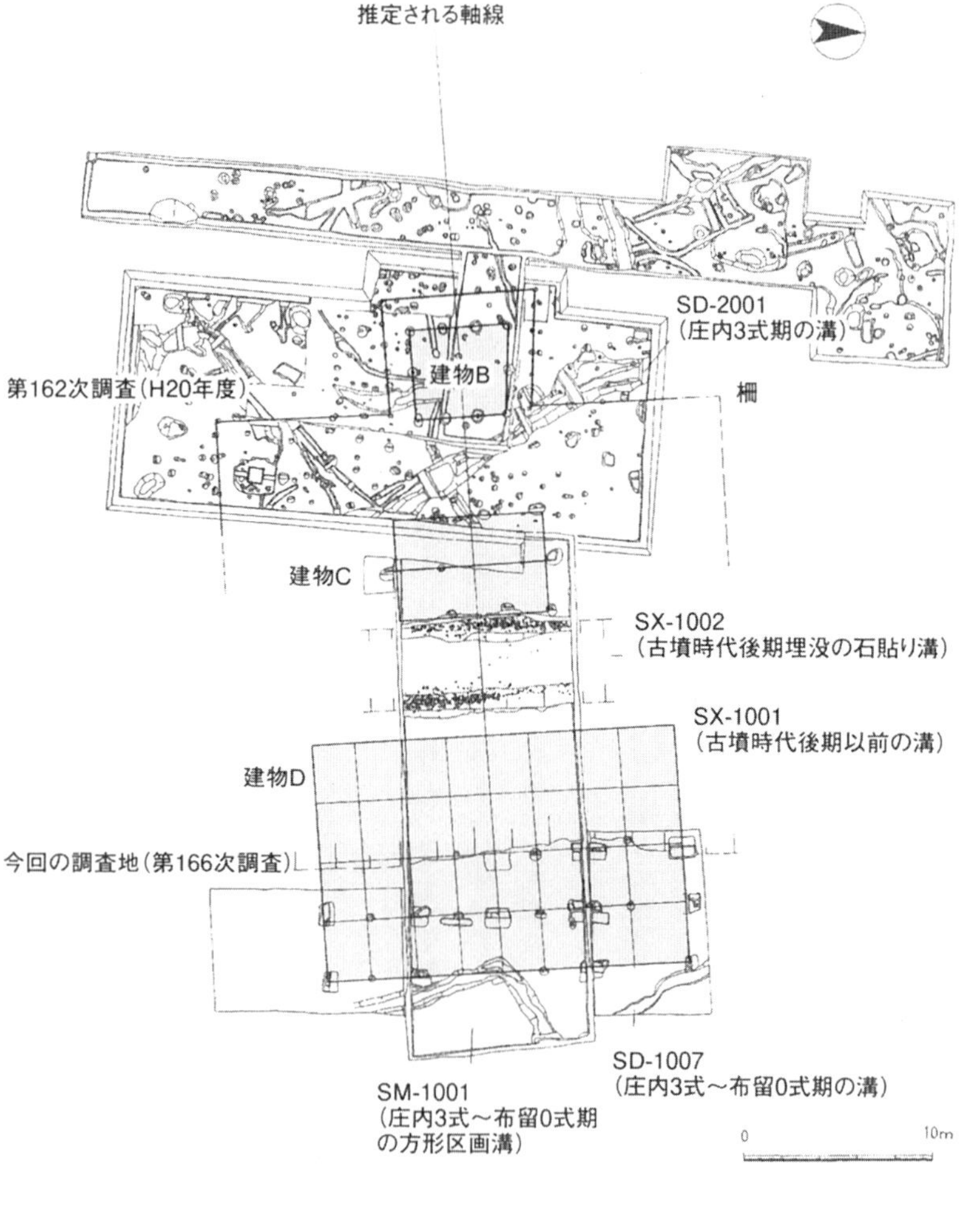

纒向遺跡大型建物群遺構配置図
（桜井市教育委員会『纒向遺跡第166次調査現地説明会資料』による）

黒田氏は神宮と出雲大社という古代神社建築の起源について『古事記』と『日本書紀』の記述と纒向遺跡の建物群が符合し、建物Cが神宮御正殿、建物Dが出雲大社本殿に対応すると述べられた。建物Cは独立した棟持柱を持つ高床の建物で、神宮の神明造を彷彿とさせる。天照大神の宝鏡は崇神天皇の御代まで同床共殿で祀られていたが、神威を畏んで倭笠縫邑（大神神社の摂社檜原神社）に遷祀し、皇女豊鍬入姫命を斎宮として奉斎され、その後に倭姫命が伊勢の地にお遷し申し上げたと『日本書紀』は記している。纒向遺跡の建物群を天皇の宮殿とすると建物Cは遷祀される前の段階の建物であろうと黒田氏は類推された。

また、建物Dは同時代にあって最大の床面積で飛び抜けて高い規格性をもつ高床建物であり、天皇の居住用・殿内祭祀用として中枢の建物であると現時点では考えられる。

さらに四間の偶数の柱間構造を持ち一般の社寺建築の奇数の柱間と異なることと、広い内部空間の間取りの類推から、出雲大社の本殿が最も類似する事例と考えられた。『古事記』には出雲大社の本殿は天皇の御舎（みあらか）に似せて造営したと記される。出雲大社の本殿は二間の偶数の柱間、内部構造は田の字形の間取りになっており、他の神社が殿内で複数の神官が祭祀を行うことが無いのにたいし、出雲大社が出雲国造を中心とした殿内祭祀の伝統を持っていたことに黒田氏は注目された。建物Dの構造と殿内で行われる天皇の祭祀から類推すると出雲大社本殿と非常に親近性をもつというのである。

纒向遺跡の建物群に関する黒田氏の論説は今後様々な検討が加えられていくものであり、さらなる大型建物跡が検出されるかもしれない。今後の調査が期待されるところである。

纏向日代宮

纏向遺跡の大型建物遺構が東西方向に一直線に並ぶことは述べたが、これは太陽が東から昇って西へ沈むという運行に基づく、東西の世界観を反映していることは想像に難くない。纏向遺跡に関する考古学の成果では、この建物跡は集落の第一次の中核施設と考えられており、後にその中心はさらに東の標高の高いところに移るのではないかと言われている。その場所からは以前に柱列や区画溝も発掘されており、近くに第十二代景行天皇の纏向日代宮伝承地がある。日代宮とは太陽（日）を祀る宮という意味であろう。この辺りからは奈良盆地の眺望がすばらしく、天皇が国見をされるのにふさわしい場所と実感できる。

この纏向日代宮に関して『古事記』の雄略天皇のところに歌謡が伝承されている。酒宴で三重の采女が失態を犯し、天皇に誅殺されそうになった時に采女が歌を詠み、その歌に天皇が感じ入り難

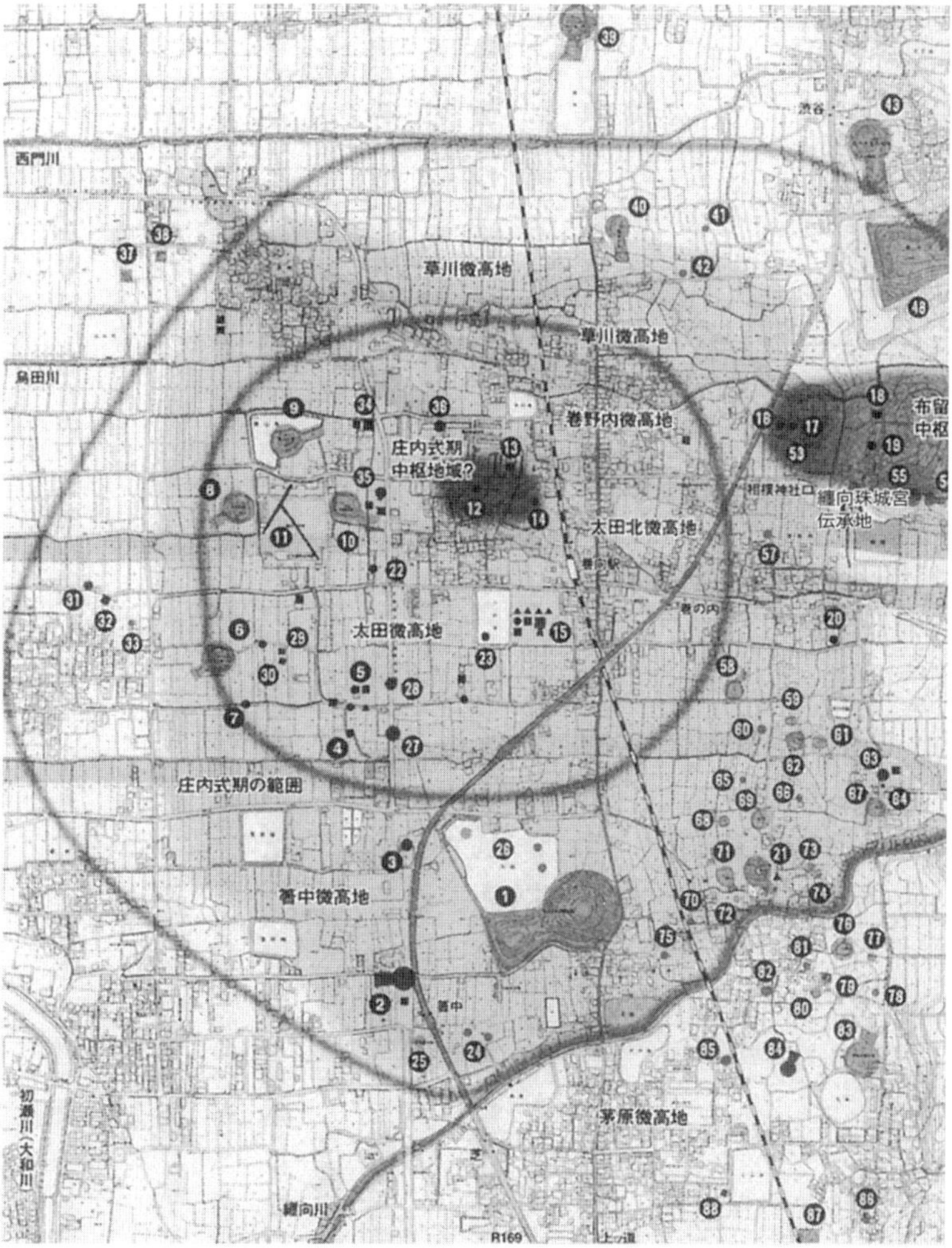

纒向遺跡の範囲と大型建物検出地点
（桜井市立埋蔵文化財センター『ヤマト王権はいかにして始まったか』による）

をのがれたというものである。

纒向の　日代の宮は　朝日の　日照る宮　夕日の　日光る宮（中略）あやに畏し　高光る　日の
御子　事の　語り言も　是をば

これは景行天皇の日代宮をたたえながら、その系譜に連なる雄略天皇の御代を寿ぐ歌である。日の神である天照大神を皇祖に戴く大和朝廷の歴代の天皇は高光る日の御子なのであり、皇孫にとって日を祀ることはいかに重要なことであったか。遺跡の大型建物群が東西軸を意識して造られているのもむべなるかなである。崇神天皇が皇女豊鍬入姫命に託して天照大神を遷祀した倭笠縫邑、つまり檜原神社も日代宮から指呼の場所にあり、檜原は日原ともいわれた。まさに三輪山北西麓から纒向にかけては太陽信仰の聖所といってよいであろう。

纒向遺跡の本格的な調査は昭和四十六年から始まったわけであるが、いまだに遺跡全体の十パーセントにも満たない部分しか発掘が進んでいない。今後の調査でその全容が、そして大和朝廷のご歴代の真姿が解明されることを期待したい。その間も神の山三輪山はその秀麗な姿を横たわらせ、静かに我々の営みを見守ってくださるであろう。

あとがき

近ごろはとくに、と言っていいほど、生活環境が変ったくらしの中で、人々はおよそ自信がもてなくなってきたようである。そこでたとい半日でも一刻《とき》でも、忘れていたように自然を求め、また懐古的な雰囲気を求める気持になってきている。それはたんなるブームなどというものではない。

こうして大和路へ足を向ける人がふえ、お天気のよい休日などは、三輪山の麓、山の辺の道を訪れる人が列をつくっている。「観光の再発見」が提唱されている今日、大神神社の信仰の本旨、由来、祭りの全貌などを説明するとともに、われわれの国土を見直し、国土が経てきた歴史と、美しい自然の中でおこる、そのめぐりあいのときの心がまえ、つまり真の「観光」についての助言書でありたいと筆を執ったものの、磐座《いわくら》説や神体山論を書き並べすぎて、堅苦しくなった嫌いがないでもない。ともあれ、古来、三輪は物見遊山の社ではない。驚いたり感嘆したりする建物は何一つない。ただ台風のさなかでも、ご祈禱者が絶えないほどの根強い信仰のお社である。

昭和四十五年八月三日には、ローマ法王代理として、マレラ枢機卿が親しく三輪を訪ね、世界平和を祈念され、今は亡き三島由紀夫氏がわざわざ、大神神社で三泊の参籠をされ、豊饒の海第二部「奔馬」を、ここに取材されたことでも理解していただけるように、観光都市「奈良」からはるかにへだたった大和盆地、三輪の里の大神神社はたんなる観光の対象ではなく、生きた信仰の神社なのである。

幸いにして大和をめぐり、三輪へ足を運ばれる人たいは、祖先からの信仰が、この自然のままのお山に、今ものこっていることに「観光」の心眼を向けて頂きたいと願うしだいである。

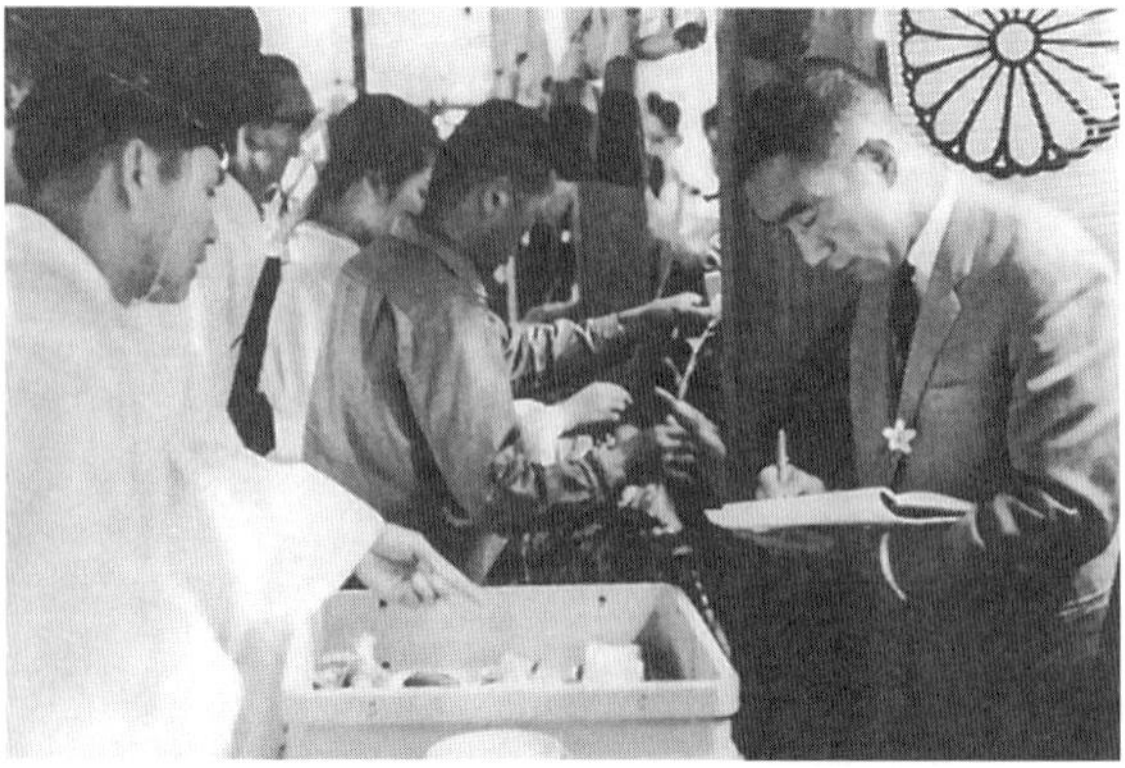

三枝祭熟饌の説明をうける三島由紀夫氏

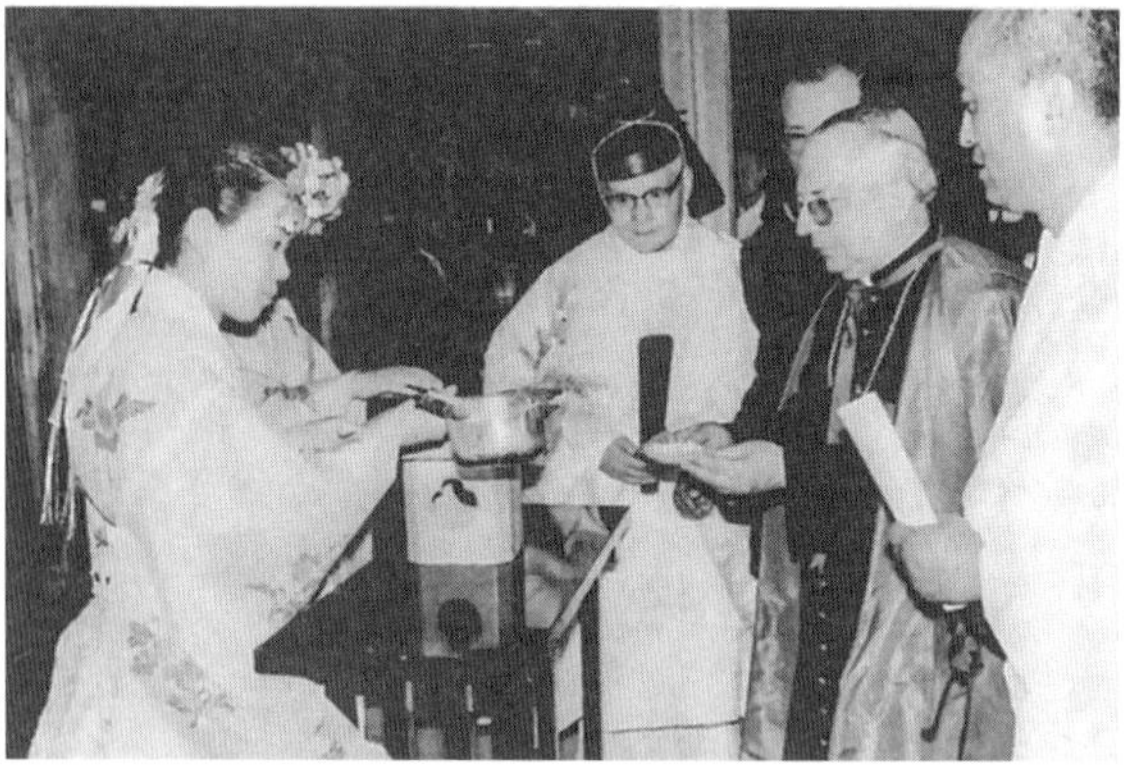

ローマ法王代理マレラ卿の参拝
（右から二人目、中央は著者）

［付　録］

大神神社所蔵主要宝物

一、木楯　一双二枚（重文）

檜の一枚板を用い、表は朱塗、裏は黒塗で、高さ五尺二寸三分、巾一尺三寸、一面は表上部に真鍮で日輪と横線三筋あり、裏面に「大神八所大明神嘉元参年（一三〇五）乙巳□□□」と在銘。

他の一面は表上部に真鍮で月と横線三筋あり、裏面には「嘉元参年乙巳卯月一□□□」の銘在り。

一、高坏《たかつき》　一基（奈良県重文）

黒塗、現在大祭用高坏の原型と見られ、方一尺二寸七分、高さ一尺七分、裏に「大神社延元三年（一三三八）五月□日大施主道有」の銘がある。

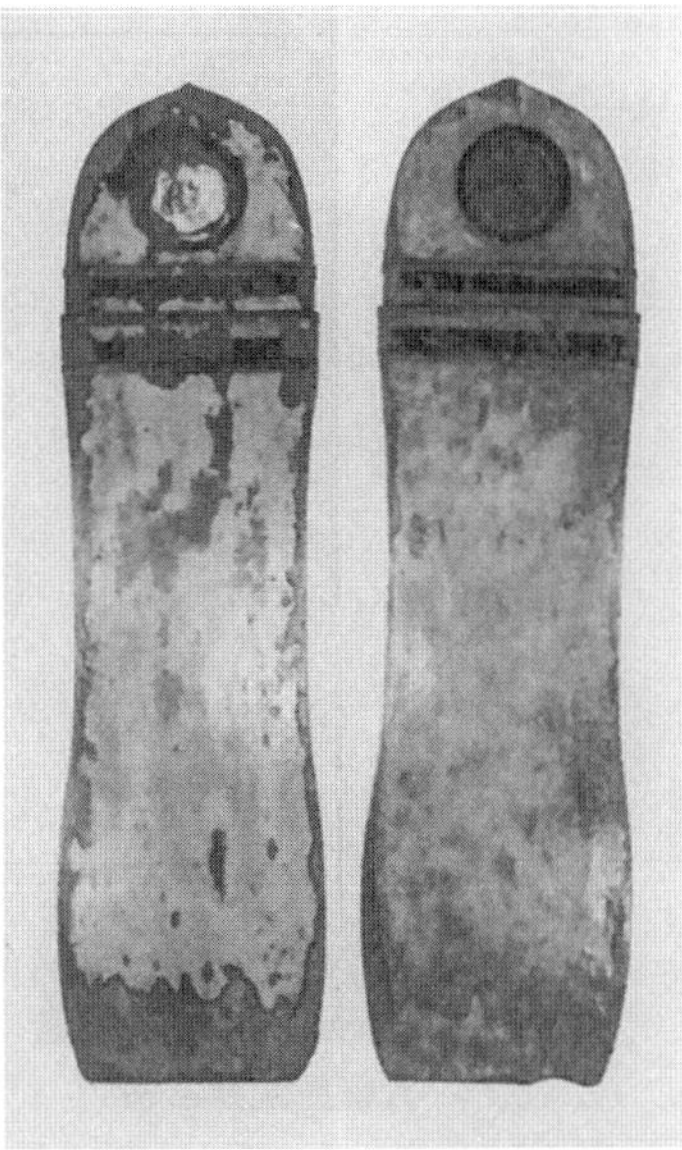

木　楯

一、大国主大神木像　一体（奈良県重文）

高さ二尺三寸の立像、平安時代。

一、木像　三体（厨子に安置）

中位崇神天皇、高五寸座像、左手に杯を把る。左位は大田田根子命、高八寸、岩に腰掛ける。右位は高橋活日命、高五寸五分立像、銚子を捧ぐ。いずれも鎌倉時代。

大国主大神木像

一、高麗犬　一対
高三尺　木彫、運慶の作なりと伝う。
一、両界曼荼羅　二幅
絹本彩色、長三尺五寸、横二尺八寸五分。元若宮社別当大御輪寺旧蔵。
一、三輪山古図　一幅
紙本彩色、長六尺五寸、横四尺二寸、元平等寺所蔵。箱書に「享保十六年亥年（一七三一）八月吉日大智院宥信拵之。」とあるが、室町初期のものと云われる。
一、水船　一個
本社手水舎用。花崗岩、長六尺二寸、巾四尺、高二尺一寸。水船の正面横に　勧進聖□法橋春善　太神社水船也　応永廿一年（一四一四）八月の刻銘がある。
一、蓮葉大黒天像　一体
蓮葉台座上に立つ木彫、玉眼。台座とも高さ一尺六寸。鎌倉時代。
一、鉄鏡　二面
径一尺八分。いずれも一部欠損しているのは鋳損じと見られる。上下に瑞花、左右に鸞を配し、外区には花蝶を散らす。瑞花双鸞鏡と称せられる。平安時代。
一、御正体鏡　一面
銅製薄円板作り。径五寸九分。掛紐用の両耳あり。表面に衣冠束帯の神像が毛彫りされている。南北朝～室町時代のもの。

一、湖州鏡　二面（奈良県重文）

中国浙江省湖州で作られ、平安後期から鎌倉時代に多く我が国に渡来したもののうちに属する。一面円形、一面は六花形で、ともに「湖州真石家念二叔照子」の銘が陽鋳され、一面には、表に蓮花を持ち蓮瓣台座に坐す菩薩像が毛彫されている。径四寸五分の銅製。

一、矢母衣　一具

高さ三尺五寸八分。箙《えびら》に征矢二十隻を挿み、白絹の母衣《ほろ》を懸ける。旧社家越光資が戦功により大塔宮より賜うたものと伝える。新井白石の本朝軍器考に収載されている。

一、周書断簡　一巻（重文）

楊忠伝逸文上と同下及び王雄伝逸文とを一巻に貼り合わす。紙本、墨書鈔本、唐時代。若宮社（旧大御輪寺）の屋根裏から発見された。（吉川幸次郎全集七参照）

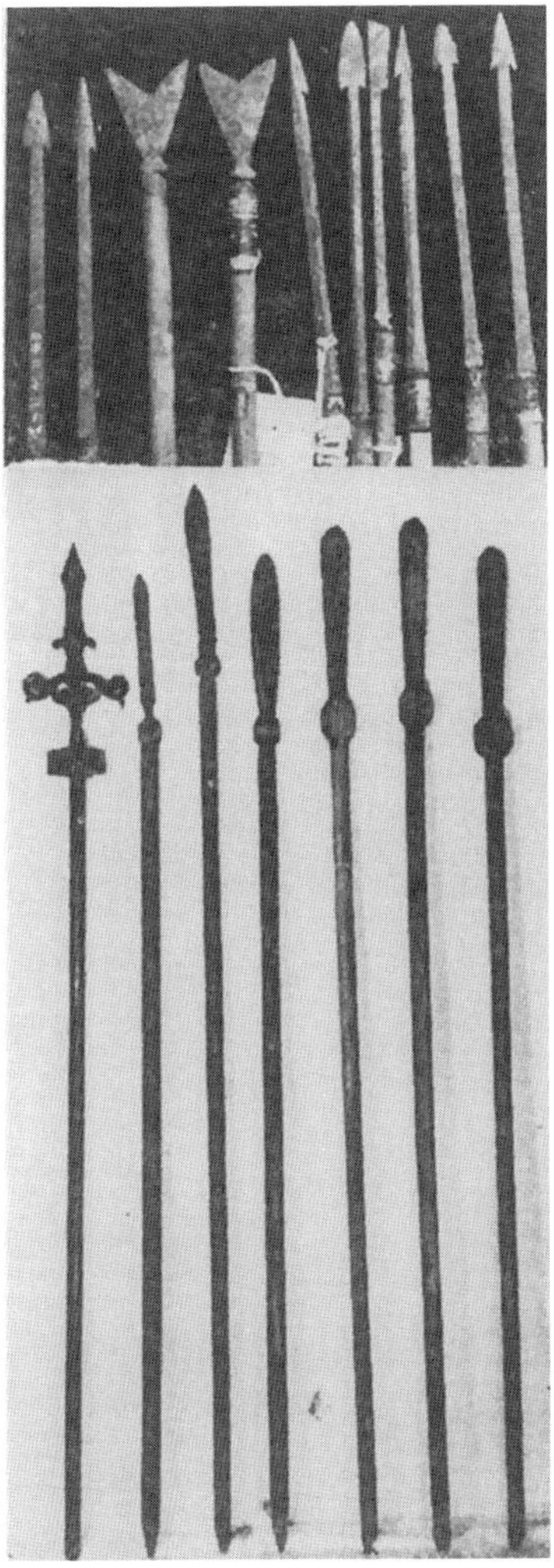

奈良時代の矢（上）と木鉾・鉄鉾

一、大般若波羅密多経　六百巻

神仏分離のため、禁足地内の大般若経蔵が取除かれた際、橿原市大字十市の本願寺へ遷されていたものと思われる。六百巻中、八巻のみ欠本も昭和に後補。奥書に「大和国三輪社」とあり。原本の書写は一筆でなく、奥書の古いものは、文治六年（一一九〇）、弘安十年（一二八七）、応安三年（一三七〇）などで、平安〜南北朝期のものである。現在所蔵。

（備考）考古学的出土品については、本文四章参照。

大神神社年表

	紀元	年号	事項
石器時代	前二・一世紀ごろまで		縄文式遺跡――三輪遺跡・箸中遺跡・初瀬川左岸遺跡
	前二・一世紀～三・四世紀ごろまで		弥生式遺跡――芝遺跡・三輪山麓遺跡
大和・飛鳥時代		崇神　三年	崇神天皇、都を磯城瑞籬宮に遷したもう
		同　六	崇神天皇、倭笠縫邑に天照大神を祀らしめらる
		同　七	大三輪君、氏を賜わり神主となる
		垂仁　二	垂仁天皇、都を纏向珠城宮に遷したもう
		同　九九	神宮寺として大御輪寺を草創すると伝う
		景行　三	景行天皇、都を纏向日代宮に遷したもう
	四～五世紀ごろ		箸大墓（倭迹々日百襲姫命大墓）増築さる
	六～七世紀ごろ		茅原弁天社（末社富士・厳島神社）古墳増築さる、この頃三輪の海石榴市の最盛期
	六七二	弘文　元	壬申の乱、箸中附近に於て三輪高市麿奮戦、近江軍を敗る
	六八五	天武一三	三輪引田君難破麿、大使となり高麗へ赴く
	七〇一	大宝　元	大神社鎮花祭（くすりまつり）はじまる
奈良時代	七一五	霊亀　元	大神朝臣高市麿の子忍人、大三輪氏一族の氏上となり、大神神主に任ぜらる
	七四九	天平勝宝元	高市麿、大神朝臣の姓を賜う
	七六五	天平神護元	大神神社神封一六〇戸
	七七六	宝亀　七	大神朝臣末足、遣唐副使となり唐へ赴く
平安時代	八五九	貞観　元	大神神社、神階正一位にのぼる
	九〇〇	昌泰　三	巨勢金田、詔により三輪の神殿頂戴に補せらる（現在、越家）

時代	西暦	年号	事項
	九二七	延長五	延喜式撰上、大神神社は官幣の大社、名神。祈年・新嘗・相嘗に、案上の幣に預かる
鎌倉時代	一二二三	貞応二	平等寺中興の祖、慶円上人歿す
	一二八三	弘安六	叡尊上人、岩田郷にて一〇五人、三輪に於て四四〇人に菩薩戒を授ける
	一三一七	文保元	大神社造営
南北朝時代	一三四〇	興国元	三輪西阿、大和軍を率い、足利勢と大いに戦う
	一三四一	同二	三輪西阿の勤皇軍敗る
	一三六一	正平一六	この頃、大神分身社百数十社に及ぶ
室町時代	一四〇五	応永一二	大神章秀と大神景秀、三輪社神主職をめぐり争う三輪山の木、虫害により約六千本枯れる
	一四六一	寛正二	平等寺東座の大智院以下三宇火災顕密聖教焼失す
	一五六九	永禄一二	この頃より三輪素麺広く販売される
安土・桃山時代	一五九三	文禄二	郡山城主豊臣秀保奉行となり、大神社造営
	一五九五	同四	惣国検地行なわれる。若宮社に九五石、平等寺に八〇石寄進さる
	一五九六	慶長元	三輪社領六〇石となる
	一六〇〇	同五	薩摩藩主島津義弘、関ケ原の戦に敗れ、七〇日間平等寺に滞在
			三輪山は従来どおり大神社に寄進さる
江戸時代	一六六四	寛文四	高取藩主植村家吉奉行となり、大神社造営なる。費用二千両
	一六六六	同六	三輪山禁足の地となる
	一六六七	同七	比丘宴光、玄貧庵を中興
	一七一三	正徳三	岩田村を芝村と改称す
	一七三四	享保一七	桧原神社倒壊
	一八六六	慶応二	八月七日、夜暴風雨のため、三輪山の松一万本倒る
	一八六八	明治元	三月一七日、神仏分離
	一八七一	同四	大神神社官幣大社に列す

明治・大正・昭和		
一八八二	同　一六	大神教会創設さる
一八九一	同　二四	三輪村、改め三輪町となる
一八九八	同　三一	五月一一日、奈良—三輪—桜井間鉄道開通
一九二九	昭和　四	大阪電気軌道（現在近鉄）上六—桜井—初瀬間開通
一九四六	同　二一	六月五日宗教法人「大神神社」設立登記
一九五五	同　三〇	七月一〇日、三輪町・織田村・纒向村合併し大三輪町と改称
一九六三	同　三八	四月一日、大三輪町と桜井市と合併、桜井市三輪町となる
一九六八	同　四三	神楽殿・宝物収蔵庫・新社務所・大礼記念館新館を造営（明治百年記念事業）
一九八〇	同　五五	重要文化財・拝殿屋根葺替
一九八五	同　六〇	三月十四日、大美和の杜竣工
		三月十八日、「大神神社境内」（三輪山）が「史跡」の指定
		十二月十四日　大鳥居竣工
一九八六	同　六一	三月十三日、勅使殿、勤番所が県指定文化財となる
		十一月五日、豊鍬入姫宮鎮座
平成		
一九八九	平成　元	十月二十一日、重要文化財・大直禰子神社社殿解体修理竣工
	同　二	大美和の杜に神饌田ができる
一九九七	同　九	五月八日、「平成の大造営」第一期工事、祈祷殿・儀式殿・参集殿竣工
一九九八	同　一〇	九月二十二日、台風七号の猛威により、三輪山・境内の樹木多数折損など、多大の被害を被る
一九九九	同　一一	九月十三日、重要文化財・拝殿保存修理竣工、及び「平成の大造営」竣工
二〇〇四	同　一六	勅使殿解体修理竣工
二〇〇七	同　一九	率川神社本殿修築竣工

大神神社分祀一覧

(1) 延喜式内社

国	郡	神社名
山城国	紀伊郡	御諸神社
大和国	添上郡	率川坐大神御子神社
同	城上郡	大神大物主神社
同	同	神坐日向神社
同	同	狭井坐大神荒魂神社
同	同	玉列神社
同	同	綱越神社
伊勢国	飯高郡	大神神社
尾張国	中島郡	大神神社
遠江国	浜名郡	弥和山神社
同	同	大神神社
駿河国	益頭郡	神神社
美濃国	多芸郡	大神神社

国	郡	神社名
信濃国	水内郡	美和神社
上野国	山田郡	美和神社
下野国	都賀郡	大神社
同	那須郡	三和神社
若狭国	遠敷郡	弥和神社
加賀国	加賀郡	三輪神社
越後国	頸城郡	大神社
因幡国	巨濃郡	大神社
備前国	邑久郡	美和神社
同	上道郡	大神神社
備中国	下道郡	神神社
筑前国	夜須郡	於保奈牟智神社

(2) 国史見在社

元社格	神社名	祭神	鎮座地	国史
郷社	三輪神社 （所在未詳）	大物主神・速須佐之男命・少名毘古那命	鳥取県伯耆ノ国西伯郡淀江町小波	三代実録（二四、清和）貞観十五年（八七三）十二月廿日辛亥、伯耆国正六位三輪ノ神に従五位下を授けまつる 三代実録（五、清和）貞観三年（八六一）十月廿日庚申、備後国正六位上大神ノ神に従五位下を授けまつる

(3) 国内神名帳所載社

国名	元社格	神社名	祭神	鎮座地	国内帳
和泉					和泉国国内神名帳 大鳥郡百九十二社 従五位神《ミワ》ノ山口ノ社 従五位上上神《カミツミワ》ノ須佐ノ社 従五位上神之神宅《ミワノカムミヤケ》ノ社ノ前 神神本 社《ミワノノカムモトノ》 神三宅社《ミワノミヤケノ》前 従五位上上神宇賀玉社《カミツミワノウカノミタマノ》前 従五位上大中ノ神社《ミワノノ》前

尾張	元郷社	大神神社	大物主神	愛知県中島郡大和村	尾張国内神名牒 中嶋郡四十八座 正一位太神名神 （式、大神神社、名神大）
駿河	元郷社	神神《みわ》社	大物主命	静岡県志太郎郡岡部町三輪	駿河国神名帳 正二位三輪明神、坐益津郡 （式、神神社）
	元村社	三輪神社	大物主命 外四柱	静岡市下一二一六	正四位下美和明神、坐安倍郡
美濃	元郷社	三輪神社	大物主命	岐阜市三輪	美濃国神名帳 席田郡座十八社 従五位下美和明神 各務郡座二十三社 従五位下美和郡明神 山県郡座十二社 正二位美和大明神 賀茂郡座二十九社 従五位下美和明神
	元村社	八幡神社 境内神社 大神神社	豊受姫神 外三柱		
上野	元郷社	美和神社	大物主奇甕玉命・建速須佐之男命		上野国神名帳 鎮守十二社 従一位美和大明神 （式、美和神社）
若狭	無格社	弥和神社	大物主神	福井県遠敷郡加茂村六戸	若狭国神名帳 遠敷郡坐神八十九所

備前	元村社	神神社	大己貴命 幸魂	赤磐郡瀬戸町肩背	従三位御和大明神 （式、弥和神社） 備前国神名帳 磐梨郡 神神社
	元郷社	大神神社	大物主神・少毘古那神、三穂姫神・大穴牟遅神	岡山市四御前	上道郡 大神神社四座 （式、大神神社四座）
	元郷社	神神社	大物主命 外十二柱	岡山県御津郡津高町	津高郡 神神社
安芸	元無格社	厳島神社 境内神社 大神社	宇気母智神	豊田郡木之江町字正富	安芸国神名帳 佐西郡、十三前 二位五前 三輪明神 豊田郡、九前 四位七前 三輪明神
筑後	元村社	八幡神社 境内神社 大三輪神社	大物主命	三井郡北野町赤司	筑後国神名帳 御井郡、六十前 正六位上四十二前 大神神社 大神社

三潴郡、五十三前
借従五位下九前
大神社
大神社
正六位四十四前
大神社
大神社
大神神〔社〕
山門郡、二十六前
正六位
大神神〔社〕
大神社

(4) 元官国幣社・府県郷社

元社格	神社名	祭神	鎮座地	備考
郷社	三輪神社	大物主神	秋田県雄勝郡羽後町	
	大杉神社	倭大物主櫛𤭖玉命	茨城県稲敷郡桜川町	
	大神神社	〃	栃木市惣社町	
	三和神社	大物主命	栃木県那須郡小川町	延喜式内社 大和国大神より勧請
	美和神社	倭大物主櫛𤭖玉命 建速須佐之男命	桐生市宮本町	延喜式内社
	神部神社	大物主命	山梨県中巨摩郡甲西町	延喜式内社

県社	美和神社	〃	山梨県東八代郡御坂町	大和国大三輪神社より奉遷
郷社	三輪神社	〃	岐阜市三輪	国史見在社
県社	三輪神社	大物主大神	岐阜県揖斐郡揖斐川町三輪	
郷社	大神神社	大物主櫛甕玉命	岐阜県養老郡上石津村	延喜式内社
〃	神神社	大物主命	静岡県志田郡岡部町三輪	延喜式内社
県社	印岐志呂神社	大己貴命	滋賀県草津市片岡町	天智天皇の勅願により大和国三輪の大社より御移祭
官幣大社	日吉大社	大己貴神	大津市坂本	延喜式内社
郷社	三輪神社	大己貴神	兵庫県三田市三輪	
〃	三輪神社	大物主神 速須之男命 少名毘古那命	鳥取県西伯郡淀江町	崇神天皇の御世 大和国の大神神社の分霊を勧請
〃	来待神社	大物主櫛甕玉命他九柱	島根県八束郡宍道町上来待	延喜式内社 崇神天皇の頃大和国三輪から勧請
〃	大神《おほが》神社	大物主神 少毘古那神 三穂津姫神 大穴牟遅神	岡山市四御前	延喜式内社、上古大和国城上郡三諸山に坐す大神神社の大物主神の六世の孫大多田泥古神の末裔大神朝臣此地に転居し創設
郷社	美和神社	大物主神	岡山県邑久郡長船町東須恵	延喜式内社 大和国大神神社の分祀
〃	神神社	大物主命他十二御	岡山県御津郡津高町粕谷	式外社
〃	赤崎神社	大己貴神 少彦名神	山口県小野田市小野田	崇神天皇の御代 大和三輪の神を祀る

大神神社主要祭事暦一覧

月別	祭儀・式	月・日・時刻	解説
1月	御神火拝戴祭	元旦・正〇時	大晦日午後十一時三十分、三ツ鳥居奥の禁足地へ参入、正〇時を期し、宮司東方に向い厳粛に初火をきる祭典。
	繞道祭《にょうどうさい》（ご神火まつり）	元旦・午前一時	年一度の三ツ鳥居御開扉から始まり、天下泰平・五穀豊穣を祈り、午前一時四十分頃、三ツ鳥居前より移し松明を以って拝殿前大松明に火を点じ十八社めぐりが行われる神事。
	率川《いざがわ》初戎祭	一月五日 午前十時	奈良率川神社境内に祀る摂社阿波神社（阿波えびすさん）の初戎。福笹で賑わう。
	古神符焼上祭（大とんど）	一月十五日 午前八時	年間二十万体を越える古神符を焼く。一日では焼上出来ず、年中に亘る行事となっている。参拝者には切り餅を授与する。
	摂社 檜原《ひばら》神社祭	成人の日 午前十一時	檜原正言（しょうごん）祭とも云われ、箸中区の国津神社の宮座・敬神講の人々と共に奉仕される。
2月	節分祭・福寿豆撒式	二月三日 節分 当日 午前十一時	節分厄除大祭を行う。祭典に合わせ拝殿前で福寿豆撒式が行なわれ、年男、年女の掛声も、「福は山、福は山」となっているのが他社と異る。
	立春祭	二月四日 午前十時	節分祭に引きつづいて、社頭は祈禱者で埋まる。

2月	卜定《ぼくじょう》祭	二月五日 午後二時	大和特産三輪素麺の初相場を卜う神事。これによって翌六日三輪恵比須神社の初戎に、三輪そうめんの相場が発表される。
	末社 大行事《だいぎょうじ》社例祭	二月六日 午前六時半	三輪の町なかに鎮座の恵比須神社の初戎祭に当り、早朝、元恵比須とされる末社大行事社で祭典が行なわれる。そのあと三輪の初戎がはじまる例となっている。
	御田植祭《おんだまつり》（豊年講大祭）	二月六日 午前十時半	五穀の豊穣を祈る古くから伝わる神事。特に拝殿に於て農耕の所作が行われ、農年講大祭を併せて行う。当日は籾種、苗松を特別授与する。
	祈年祭	二月十七日 午前十時	官社当時から豊年を祈る大祭として荘重に執り行われる。
3月	三輪山植樹祭	三月二十日 午前十一時	神体山護持のため従来神社自体で行なっていた植樹行事に合せて、全国篤信者から寄せられた苗木がお山に植えられる。
	春の講社崇敬会大祭	三月第四土曜・日曜日 午前十一時	全国の報本講員崇敬会員が集まる。最も親しみのあるお祭。祭典後、千本杵餅搗きが行われ、斎庭には各種バザー店が並び、福袋も販売される。にゅう麺の振る舞い、奉納演芸も楽しみ。
4月	活日《いくひ》神社例祭	四月四日 午前十時	酒づくり、杜氏の祖先と仰がれる活日命を祀る例祭が行われる。
	大直禰子《おおたたねこ》神社例祭（若宮）	四月八日 午前十時	春の大神祭に先立って、崇神天皇八年神託によって召され大神の神主となられた若宮（大田田根子命）の例祭を執行する。

4月	春の大神《おおみわ》祭 宵宮祭	四月八日 午後五時	古くは「卯の日神事」と称し、崇神朝より二千年の伝統をもつ大祭、午前中若宮社例祭のあと、御分霊を本社御棚に奉遷、宵宮祭を奉仕する。
	例祭	四月九日 午前十時	九日は祭典後、午後一時より若宮神幸祭が行われるが、この儀は崇神朝に堺より大田田根子命をお迎えした故事を伝えるものと云われている。
	後宴祭	四月十日 午前十時	十日は後宴祭のあと正午より特設舞台をつくり各流の能・狂言が夕刻まで奉納される。
	後宴能	四月十日 正午始	各流交代の「三輪」及び狂言「福の神」は必ず例年の番組に組まれる。
	鎮花祭《はなしずめのまつり》	四月十八日 午前十時半	本社での祭典のあと摂社狭井（さい）神社でも同様の祭儀を執り行う。大宝令以来必ず行うことを定められた由緒ある疫病除けの祭である。当日は薬神講員をはじめ医薬業者が多数参列される。
	献茶祭	四月二十九日 午前十一時	昭和天皇御誕生日を寿ぎ毎年交互に表・裏・武者小路、三千家家元親点の献茶式が盛大に行なわれる。丁度神域のつつじの花も見ごろとなる。
5月	久延彦《くえびこ》神社 就学安全祈願祭	五月五日 午前十一時	子供の日に因み、智恵の神・学問の神の大前に於いて就学安全を祈願する。

6月	摂社率川神社 三枝祭《さいくさのまつり》（ゆりまつり）	六月十七日 午前十時半	三輪山の笹百合の花で黒酒（くろき）・白酒（しろき）の入った酒樽を飾り、特殊神饌を黒木の御棚に載せて奉奠・大宝令の頃からの床しい伝統をつづける疫病除けの神事である。午後は七乙女・ゆりの花車お稚児さんらが奈良市内を巡幸しユリ一色の一日となる。
	大祓式	六月三十日 午後三時	祈祷殿前に茅の輪を設けて行われる。一般崇敬者の参列も多い。人形・祓へつものは初瀬川に流される。
7月	摂社綱越《つなこし》神社 おんぱら祭《まつり》 宵宮祭 例祭	七月三十日 午後四時 七月三十一日 午前十時	大鳥居の南・馬場先に鎮座。茅ノ輪くぐりなどがなされ、夏越（なごし）の祓いを伝えた古神事で御祓祭（おんぱらまつり）と呼ばれる。お祭り広場では両日とも奉納演芸などが催され、三十一日には奉納花火大会が盛大に行われる。大和に於ける夏の有名神事である。
8月	七夕祭	八月七日 午後二時	一月おくれの七夕さん。地元の子供さんたちがこぞって参列し、祭典後は映画などの楽しみも。期間中は笹竹が立てられ、願いごとを短冊に書いて結ぶ。
	摂社 檜原《ひばら》神社祭	八月二十八日 午後五時	檜原祭といわれ、箸中区、芝区（旧岩田村）の総氏子が神饌を持参して行われる。笠縫邑に皇大神奉斎の宵、宮人が終夜宴楽したごとくかがり火が焚かれる。
9月	久延彦神社例祭	九月一日 午前十一時	この日ばかりは子供さんばかりでなく、教育関係者、著述家らの参列が多い。

9月	郷中敬老祭	敬老の日 午前十時	三輪の里は昔から長寿郷で有名である。氏子中の八十歳以上の高齢者を招待するが、八五〇名を越え、祭典後記念品を贈呈し、奉納演芸で一日を楽しんでいただく。
	観月祭	九月・十月仲秋 午後六時半	祈禱殿前庭で仲秋名月を祭る。神楽や雅楽が奉納される。俳句会が催され、野点席、点心席が設けられる。
	秋の講社崇敬会大祭	九月第四土曜・日曜日 午前十一時	全国の報本講員崇敬会員が集まる。最も親しみのあるお祭。祭典後、千本杵餅搗きが行われ、斎庭には各種バザー店が並び、福袋も販売される。にゅう麺の振る舞い、奉納演芸も楽しみ。
10月	摂社 玉列《たまつら》神社例祭	十月十二日 午前十時	初瀬谷最古の社であり、古くは村社としての氏子祭を伝え、帰郷する人も多く、太鼓台、演芸、餅まきなどの神賑行事が繰りひろげられる。
	秋の大神　祭《おおみわまつり》 宵宮祭 例祭 後宴祭	十月二十三日 午後三時 十月二十四日 午前十時 十月二十五日 午前十時	秋の大祭は里まつりの感がつよく、氏子青年奉舁の太鼓台、子供みこし、御供（ごく）渡しなどが行なわれる。
11月	明治祭並講社崇敬会神符頒布祭	十一月三日 午前十時	講員会員安全の御神符を講元にお頒ちする。祭典後は功労者表彰式を恒例としている。
	献詠祭	十一月三日 午後一時	三輪山まほろば短歌賞の優秀歌が披講される。併せて表彰式も行われる。

月			
11月	酒まつり 醸造安全祈願祭	十一月十四日 午前十時半	うま酒三輪の御神徳をたたえ、全国酒造家が参列し新酒の醸造安全祈願が行なわれる。前日、拝殿向拝の大杉玉が新しく取替えられつづいて全国酒造家へ杉玉が送られる。
	七五三詣 生育安全祈願祭	十一月十五日 午前十時	講社崇敬会月次祭に併せて行われる。次の世代を荷なう七・五・三歳の子供さんの生育安全祈願を行なう。十一月中に参拝の祈禱者には千歳飴、お守、風船を授与し、晴着姿の可愛い子供さんで賑わう。特に県内福祉施設の児童にも広くこれらを授与し、児童の幸せを祈ることが恒例となっている。
	新嘗祭 農林産物品評会	十一月二十三日 午前十時	春の祈年祭に対して稔りの秋の報賽に合せ広く平素の勤労感謝のまことを捧げる。大前に新穀、新酒を献じ大祭式を以って執り行われる。また農林産物の品評会が併せて行なわれ、丹精こめて作られた野菜・果物・花木や民芸品が斎庭所狭しと並べられる。
12月	久《く》延《え》彦《びこ》神社 入試合格安全祈願祭	十二月 第一日曜日 午前十一時	久延彦神は少彦名神御出自の御名を明かした知恵神として、学問の神さまの信仰が篤く、一、二、三月の入学試験期には連日参拝者で賑わう。その時期の前に行う入学祈願祭だけに父兄同伴の子供さんらで賑わう。
	豊年講米初穂献納奉告祭	十二月十五日 午前十一時	稔りの秋を報謝して初穂米が山と積まれ激しい勤労を了えた篤農家の参列が多く、甘酒の接待などが行なわれる。
	天皇誕生祭	十二月二十三日 午前十時	聖寿の長久と皇室の弥栄を祈る。

12月	煤払《すすはらい》式	十二月二十日 早旦	お正月を迎えるため、前夜全職員参籠の上、早旦より三ツ鳥居、拝殿・各摂末社の煤払いを行なう。
	大祓式 除夜祭	十二月三十一日 午後二時	六月の大祓式のあと半歳の大祓いが祈祷殿前で行なわれ、式後午後三時から拝殿で除夜祭が行なわれる。
例月	月次祭	毎月一日 午前十時	毎月の一日詣りは大変盛んになり一寸したお正月の社頭を思わせる。
	講社崇敬会月次祭 交通安全祈願祭	毎月十五日 午前十時	講社も明神講・報本講社・酒栄講・薬神講・豊年講・献灯講・崇敬会があり、講員安全祈願の祭典であるが、併せて交通安全日でもあるので災難除の神徳をたたえ交通安全祈願祭を執行している。
	卯《う》の日《ひ》祭	毎月 上の卯日 中の卯日 午前十時	当社のご祭日は古来卯の日と定められており、崇神朝よりの由縁の日として、特に月二回の卯日の時は上卯に、三回ある月は中の卯の日を祭日として連綿として続き講員をはじめ崇敬者の安全祈願をおこなっている。この三つの祭典はいずれも篤信者と共々に奉仕の形をとり、大祓詞、三輪大神への拝詞・祈りの詞・奉賛歌を斉唱する。

〔著者略歴〕

明治三十八年京都府に生まれる。昭和五年神宮皇学館卒業。鹿児島商業教諭、伊勢神宮神部補をへて昭和十六年大神神社主典、禰宜、神宮司。昭和二十五年九月大神神社宮司。五十八年まで宮司の後、顧問。平成七年四月帰幽。

神社本庁参与、奈良県神社庁顧問、伊勢神宮・皇学館大学・國學院大學評議員、奈良県宗教連盟理事を歴任。

著書に『大神神社史』句集『瑞山』。

俳号白芽。

本書は2013年12月に刊行した『大神神社』［第三版］の一部を訂正し「学生社 日本の神社シリーズ」として刊行するものです。

1971年 5月15日 第一刷初版発行
1999年12月15日 改訂版初刷発行
2013年12月25日 第三版初刷発行
2018年 8月25日 シリーズ版発行

大神神社 学生社 日本の神社シリーズ

編　者 大神神社
著　者 中《なか》山《やま》和《わ》敬《けい》
発行者 宮田哲男

発行所 株式会社 学生社
〒102-0071 東京都千代田区富士見2-6-9
TEL 03-6261-1474／FAX 03-6261-1475
印刷・製本／株式会社ティーケー出版印刷

ISBN 978-4-311-80109-9 C0021
N.D.C.175 256p 20cm